メディア・リテラシーを
高めるための文章演習

酒井信

左右社

メディア・リテラシーを高めるための文章演習

目次

はじめに …………………………………………………………………………… 004

第1回 …………………………………………………………………………… 007
個人のネット炎上パターンとその予防策・善後策

第2回 …………………………………………………………………………… 023
企業のネット炎上パターンと情報メディア・リテラシー

第3回 …………………………………………………………………………… 041
メディアの基本理論を踏まえた文章表現とメディア・リテラシー

第4回 …………………………………………………………………………… 061
コミュニケーション能力を高めるための文章表現1
三島由紀夫著『三島由紀夫レター教室』

第5回 …………………………………………………………………………… 073
コミュニケーション能力を高めるための文章表現2
三島由紀夫著『三島由紀夫レター教室』

第6回 …………………………………………………………………………… 083
メールの文章表現と基本的な敬語の使い方

第7回 …………………………………………………………………………… 097
葉書を用いた礼状・近況報告の書き方と明瞭な文章の書き方

第8回 ……………………………………………………………………………… 109
起承転結の文章の構成と原稿用紙の使い方

第9回 ……………………………………………………………………………… 121
志望理由書・自己PR文の書き方と論文・レポートの形式

第10回 …………………………………………………………………………… 137
日本語の特徴を生かした文章表現1　井上ひさし著『私家版　日本語文法』

第11回 …………………………………………………………………………… 151
日本語の特徴を生かした文章表現2　井上ひさし著『私家版　日本語文法』

第12回 …………………………………………………………………………… 169
データの収集・参照の仕方と論拠を明示した論文の書き方

第13回 …………………………………………………………………………… 187
社会調査（量的調査、質的調査の基本）と
論拠・データをもとにした論文の書き方

第14回 …………………………………………………………………………… 203
ジャーナリズムと報道現場のメディア・リテラシー

第15回 …………………………………………………………………………… 221
批評的な思考≒メディア・リテラシーと批評文の書き方

参考文献 ………………………………………………………………………… 234
あとがき ………………………………………………………………………… 235

はじめに

　メディア・リテラシーとは、テレビ・新聞などのマス・メディアや、Web上のメディアが配信する情報の真偽を見分け、その背後にある意図やバイアスを評価する能力の総体を指す言葉である。メディア・リテラシー教育は、カナダやオーストラリア、アメリカ合衆国などの国々では、初等教育から高等教育まで、様々なレベルの教育プログラムに幅広く組み込まれているが、日本ではそれほど一般的ではない。人々が流言飛語に踊らされず、事実確認がなされている情報源から適切な情報を得て、市民生活を送るための教育は、Web上に現実空間が拡張した現代では、必要不可欠なものであると私は考える。

　日本では高等学校の教科「情報」の中で、「情報活用とメディア」が教育内容に含まれているが、情報技術の発達に合わせた教育内容を準備することに苦心している印象を受ける。また現状では、小学校〜高校の教育現場に「情報」を専門とする教諭が少ないという事情もあり、日本ではメディア・リテラシーを育むための教育が、十分になされているとは言いがたい。現在、私は文教大学を本務校として、立教大学と武蔵大学でもゼミを担当しているが、メディアを通した情報の収集能力や、プレゼンテーションを行うためのソフトウェアの運用能力は、同学年の学生でも「数学年分」に相当する大きな差が生じていると実感している。

　グローバル化の進展と情報技術の発達の影響で、情報やもの、お金のやりとりが高速化し、現代社会は不確実性を高めている。私たちは「メディア」が配信する情報を通して、複雑な現代社会について正しく理解する必要に迫られているが、Web上のメディアも含めてメディアが配信する情報は玉石混淆と言える状態にある。

メディア・リテラシーという言葉に含まれる「リテラシー」という言葉は、文章の読み書き能力を指す。Media Studiesに関連する教育機関で、「文章演習」に類する授業が多く用意されているのは、メディアの伝達内容について、その意図や社会的・歴史的な文脈を言語化した上で、論理的に理解する必要が生じているためだと私は考える。

　学問の基本は、文章の読み書き能力にある。また現代社会で多くの雇用を生み出している「第三次産業」に区分される仕事の多くが、文章の読み書き能力をもとにして成り立っている。「言語は存在の家である」と、20世紀を代表する哲学者、マルティン・ハイデッガーが述べているように、私たちは言語を中心とした社会秩序の上で、日々の生活を送っている。

　現代では、就職や転職の活動時にWeb上の言動を調査されて、個々人のコミュニケーション能力や人間性が判断される。複雑に社会的な機能が分化した現代社会は、空気を読み、他人と協調するだけでは生きていけない。グローバル化と情報技術の革新を前提として成り立っている現代社会では、私たちはメディアが配信する「言葉」を通して、そこで生起する問題について思考する必要に迫られている。

　この本はこのような時代に適した「メディア・リテラシー」を身に付けるための文章演習の方法論を示した本である。現代的なメディア・リテラシーを高めるための教育と文章作成の教育を組み合わせた点で、類書はないと言ってもいいかも知れない。基礎教育のための教材である点を重視し、レポートや論文の書き方に加えて、手紙や葉書の書き方、大学生のネット炎上の事例からメディア・リテラシーを学ぶ演習など、様々な教材を収録している。また応用的な教育のための教材として、三島由紀夫の『三島由紀夫レター教室』や井上ひさしの『私家版　日本語文法』を参照した文章演習課題や、ジャーナリズム論やメディア論に関連するLessonや課題、総務省の情報通信白書の統計

データや、3つの大学で担当しているゼミで実施した社会調査の結果を分析する問題など、様々な種類の「メディア・リテラシー」に関連した演習問題を用意している。

　各回のテーマに則して、メディア・リテラシーと文章演習に関わる様々なLessonと、特徴的な課題を出題しているが、必ずしもすべての問題に取り組んでいただく必要はない。Lessonやポイントの部分を読み進め、要点を理解してもらいながら、適宜、自分にとって必要な文章演習問題に取り組むことで、複雑で、魅力的な現代社会について理解を深め、現代的な「メディア・リテラシー」を身に付けていただければ幸いである。

2019年2月　酒井信

第1回

個人のネット炎上パターンとその予防策・善後策

この回の目標

　オンライン上でのコミュニケーションが一般化した時代に適したメディア・リテラシーとはどのようなものだろうか？　大学生や社会人が引き起こし、巻き込まれたネット炎上の具体的な事例をもとにして、Web上の文章表現のあり方について考える。またどのような文章表現やコミュニケーションが炎上事件を誘発するリスクが高いのか、具体的な炎上事例をもとにして考える。この回の目標は、炎上事件に関わるリスクを軽減し、メディア・リテラシーと結び付いた文章表現能力を高めることにある。

授業の問い

　メディア・リテラシーとは、テレビ・新聞などのマス・メディアや、上で情報の真偽を見分け、その背後にある意図やバイアスを評価する能力の総体を指す。現実空間がWeb上の情報世界と混ざり合い、複雑に社会的な機能が分化した現代社会において、私たちが身に付けるべきメディア・リテラシーとはどのようなものだろうか？

Lesson 1
個人のメディアリテラシーの基本

　Web上の情報は匿名で書き込んだものであっても、友人や所属組織との関係から、実名を特定される場合がある。その場合、問題のある書き込みや写真、動画等を拡散されると、長期にわたって誹謗中傷が様々なサイトやサーバー上に残存し、ときに退学や退職に追い込まれたり、就職や転職の際に不利益を受けたりする可能性が高まる。法律や規定、マナーに違反する言動をWeb上にアップロードしないことが、現代的なメディア・リテラシーの基本である。

SNSの実生活への影響

　近年、SNS上の書き込みなどオンラインで公開している文章が就職活動や転職活動時に参照され、社会性や協調性、コミュニケーション能力の高低をはかる判断材料とされている。炎上して注目を集めると、どんどん問題のある書き込みが拡散されて、世界中のサーバーに転送され、長期にわたって批判され続ける可能性もある。頻繁に発生する炎上の具体事例として、SNS上で万引きをしたことをカミングアウトしたり、試験時にカンニングをしたことを報告したり、未成年時に飲酒や喫煙をした写真をSNS上にアップロードしたりといった行為が挙げられる。

SNS利用率の実際

　日本の主なSNSの年代別の利用率は以下の通りである。それぞれのSNSの利用者がどのような年齢層に偏っており、各SNSが過去5年でど

出典：「平成30年版　情報通信白書」(総務省) 総務省情報通信政策研究所「平成29年情報通信メディアの利用時間と情報行動に関する報告書」より作成〈http://www.soumu.go.jp/main_content/000564530.pdf〉(最終アクセス2019年2月9日)

単位：%

	10代 (N=139)	20代 (N=216)	30代 (N=262)	40代 (N=321)	50代 (N=258)	60代 (N=304)	男性 (N=757)	女性 (N=743)	全年代 (N=1500)
LINE	86.3	95.8	92.4	85.4	67.1	39.8	72.4	79.3	75.8
Facebook	21.6	52.3	46.6	34.9	26.7	10.5	33.7	30.0	31.9
Twitter	67.6	70.4	31.7	24.3	16.3	5.9	32.9	29.3	31.1
mixi	3.6	8.8	5.3	5.3	2.7	1.0	4.5	4.2	4.3
Google+	20.9	25.5	24.8	31.5	25.6	12.8	25.9	21.4	23.7
YouTube	93.5	94.0	87.4	80.4	64.0	32.2	74.9	69.4	72.2
ニコニコ動画	31.7	34.7	18.3	15.3	16.7	7.9	23.1	14.5	18.9
Instagram	37.4	52.8	32.1	23.7	14.7	4.3	19.4	31.0	25.1

経年　主なソーシャルメディア系サービス／アプリ等の利用率（全年代）

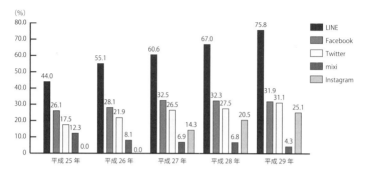

経年 主なソーシャルメディア系サービス／アプリ等の利用率（全年代）

れくらいの利用率なのか、データを見るとよくわかる。

「情報通信白書」によると、現時点ではLINEの利用率が全世代で高く、Facebookは40代〜60代でも利用率が高い。Twitterは10代〜20代の利用率が70％前後と高く、Instagramも10代、20代の利用率が高く、20代では50％を超えている。

　経年変化を見ても、LINEの利用率は過去5年で44％から75.8％まで上昇しており、急速にシェアを拡大していることがわかる。海外ではさほど人気のないTwitterも日本では17.5％から31.1％に上昇しており、Facebookに関しては、5年前の26.1％からほとんど利用率が変わらず、31.9％と、利用率は頭打ちとなっている。

ポイント

・Web上で実名（を特定される）アカウントで記した文章に、法律やモラルに反する言動が含まれると、就職や転職活動に際してマイナス材料と見なされることもある。例えば、バイト先で客の忘れ物を盗む、線路に置き石をする、無免許運転を自慢するなど、悪質な内容が発覚した場合は、解雇されたり、内定が取消となることもある。

・SNSのアーキテクチャ（構造）は、不特定多数に、短時間で情報を拡散することができる仕様になっている。このため、社会通念に反する行為は容易に拡散し、友人以外の見ず知らずの人々から批判や社会的な制裁を受ける可能性が高い。

・炎上した後に自分の書き込みやアカウントを削除しても、他のサーバーに保存されている可能性が高く、長期にわたって批判を受ける可能性がある。一度Web上に書き込んだ内容が炎上すると、本人のアカウントを削除しても、情報が他のサイトやサーバーに拡散されているため、簡単には消去できないことを理解しておく必要がある。

演習1
前頁の日本の主なSNSの利用傾向に関するデータを参照した上で、下記の4つのSNSの特徴について、自己の利用経験や、友人や著名人のサイトの閲覧経験をもとにして、各400字で簡潔に説明すること。

LINEの特徴
（解答メモ）

Facebookの特徴
（解答メモ）

Twitterの特徴

(解答メモ)

Instagramの特徴

(解答メモ)

Lesson 2

個人のネット炎上パターンの理解

　個人のネット炎上のパターンについて理解を深め、類似した炎上事件を引き起こしたり、巻き込まれないように注意すること。下記は頻繁に発生している大学生・社会人・有名人の炎上パターンである。

> **1　法律に違反する行為をSNS上で公開し、批判や処罰を受ける事例**
> 2011年に東京大学の学生が「飲酒運転なう！」と書き込みをして、炎上。東京大学の公式サイトで、「各自で慎重に考えて責任を持って行動していただくよう注意喚起します」と勧告される。

ポイント

・「脱法行為」に関する書き込みは、一般に多く見られるため、注意が必要である。「脱法行為」そのものに経験として興奮し（あるいは無意識

的な罪悪感を覚え)、ネット上で報告(告白)する行為は、炎上したときの社会的リスクが高い。

・「炎上職人(ネット上の炎上の仕掛け人)」と呼ばれる人々が、「飲酒運転」「酒気帯び運転」といった言葉を検索にかけて、他人のアカウントを炎上させる機会を伺っていることを理解した上で、SNSを利用する必要がある。

・他にも公共物を破壊する行為や、暴力行為や脅迫、不適切な性行為や、ハラスメント発言等をSNS上で公開すると、炎上して、長期にわたり批判や処罰を受けるリスクが高まる。

・同様の書き込みは、新入生や新入社員の歓迎会シーズンである春先に多く見られる。炎上事例には「春先や忘年会シーズンの飲酒運転」のように周期性や季節性があるものも存在する。

> 2 法律違反ではないが、カンニング行為や不正な経費の使用など、規定に明確に反する行為をSNS上で公開して拡散され、処罰を受けたり、退学や退職に追い込まれる事例
> 2011年に日本大学の学生が「カンニングのプロだからばれるわけないわ!」等の不正行為を自慢する書き込みをTwitter上で行い、mixiで同じアカウント名を使用していたことから、大学・学部・氏名を特定された上で、大学に通報される。

ポイント
・大学で期末試験が行われる1月や7月は「カンニング」に関するツイートが増えるため、炎上職人は「カンニング」と記されたツイートを検索して、大学生のアカウントを炎上させる機会を伺っている。

・大学入試や学期末の試験期間に入ると、Googleの検索ワードで「カンニング」や「監視カメラ」といった言葉の検索回数が急上昇する。このような状況を考えれば、将来は、不正行為の検出にAIと連動した監視カメラが使われるようになる可能性も高い。キャンパス内での不正行為やマナーに反する行為の予防対策として、次々と監視カメラが設置されることで、「学生の自治」が脅かされているのが世界中の大学の実情である。

・情報機器が小型化し、スマートフォンがカンニングに使用される可能性が高いことを考えれば、入試や資格試験等の会場には、試験中の入退場に際して「セキュリティゲート」を用いた身体検査や手荷物検査を行うなど、厳しい不正行為策が必要である。SNS上に多くの「不正行為の告白」があふれている現状を踏まえた、不正行為対策を講じる必要がある。

> **3　勤務先やアルバイト先での不適切な行為をSNSで拡散され、勤務先やアルバイト先の企業イメージを悪化させて、辞職や解雇に追い込まれるだけではなく、損害賠償を求められる事例**
>
> 2013年に専門学校の学生が足立区のステーキハウス「ブロンコビリー」でアルバイト中に、業務用の冷蔵庫に入り顔を出し、「バイトなう(￣▽￣) 残り10分 (*^^*)」と書き込み、プロフィールや書き込みから、所属する専門学校名や本名を特定され炎上している。この時期は同様の炎上事例が注目を集めてメディアでも頻繁に報道されていたため、「最近あれだけニュースで騒がれてるのに学習能力ゼロだね!!」といった批判を浴び、学生が店から解雇されるだけではなく、店舗も閉店に追い込まれる事態に発展した。

・冷蔵庫の中に寝そべるなど、衛生上問題のある行為や、店舗の商品を汚したり、ブランド・イメージを毀損する等の行為は、「バイトテロ」と呼ばれ、偽計業務妨害や実損害請求の対象になり得る。上記の「ブロンコビリー」は肉の品質の高さを売りにしているレストランであるため、学生の問題行動が店舗を閉店に追い込むこととなった。2019年にも、すき家やくら寿司、セブン‐イレブン等で同様の「バイトテロ」が発生している。

・上記の行為は、SNSにアップロードするかどうか、という問題以前に、行為そのものが食品衛生法の違反にもなり得るものである。本人が情報を公開していなくとも、友人の誰かが写真や動画等の情報をアップロードして炎上し、実名を公開している友人経由で、本人が特定され、刑事罰や損害賠償が求められる場合もある。企業にとっては何が職務上、違法行為となり得るか、時間とコストをかけてアルバイトを含めた従業員に教育することが重要である。

4 人権侵害やハラスメント発言をSNS上で公開し、所属する組織のイメージを悪化させ、批判を浴びて退学や退職に追い込まれる事例

2013年にニューヨークのインターネット関連の企業で広報担当だった30歳のジャスティン・サッコは「Going to Africa. Hope I don't get AIDS. Just kidding. I'm white!(アフリカに向かってるところ。エイズに罹らないことを願っています。冗談ですよ。私は白人だからね)」と、170人のフォロワーに向かって、友人へのジョークのつもりで人種差別的なツイートを行う。しかしジャスティンのフライト中に、このツイートは世界中に拡散されて、「人種差別主義者」として無数の人々から批判される事態とな

る。ジャスティンが飛行機に乗ってアフリカに向かっている間に、Twitter上には「# hasjustinelandedyet（ジャスティンはもう着陸したか）」というハッシュタグが作成されて、世界中の人々が注目するトピックとなり、所属先の会社にクレームが殺到した。この「ジャスティン・サッコ事件」は、人類史上最大の炎上事件とされ、サッコの悪評は世界中に知れ渡り、彼女は会社を解雇され、再就職にも苦労することとなった。ニューヨークタイムズでも「How One Stupid Tweet Blew Up Justine Sacco's Life（一通の愚かなツイートが、どのようにしてジャステン・サッコのサッコの人生を破壊したか）」という特集記事（2015年2月12日）が組まれ、メディア・リテラシーが問われるツイートの代表事例となった。

ポイント

・ジャスティン・サッコに限らず、名門大学の学生や有名企業の社員、公務員など公的な職業の人々は、炎上職人のターゲットになりやすい。匿名のアカウントで書き込んだ内容であっても所属のヒントになる書き込みや友人との繋がり、他のSNSのアカウントの情報等で個人を特定されて、炎上することがある。

・相手の同意無しに不適切な写真を公開するなど、親密圏（友人たちなど親しい人々）に向けた「うけ狙い」の行為が、いつの間にか世界中に拡散されて、退学や退職に繋がる場合もある。

・ジャスティン・サッコのように一行の書き込みで、退学や退職に追い込まれる事例は、世界中に数多く存在する。

5　テロや殺人など犯罪行為を予告したり、プライバシーを侵害するような写真や動画を公開したり、流言飛語を拡散して社会秩序を揺るがすような事例

❶　2013年に京都の大学生が音楽フェス（長岡京ソングライン）への参加を断られて、「ソングライン爆破してこよう」と投稿し、逮捕される。

❷　2016年の熊本地震の直後に、「おいふざけんな、地震のせいでうちの近くの動物園からライオン放たれたんだが」とツイートした神奈川県の当時20歳の会社員が、偽計業務妨害の罪で逮捕される。南アフリカ共和国で撮影された「ライオンが道路を歩いている写真」が添付されていたため、そのインパクトの強さから、多くの人々に拡散されて、混乱を引き起こした。

ポイント

・犯罪をほのめかしたり、特定の個人を脅迫するような行為や、「動物園からライオンが逃げた」など人々の不安を著しく煽るような言動については、警察が各SNSの運営会社に協力を仰ぎ、個人を特定して逮捕する場合もある。個々人がWeb上で発生し得る違法行為について、「情報」に関する教育機会を通して理解を深めておく必要がある。

演習2

Web上でニュース記事として紹介されている大学生の炎上事例、社会人の炎上事例、有名人の炎上事例について調べ、「自分も無関係ではない」と感じたものを各2つ選び、その炎上事例の原因と結果について各400字で要約を作成すること。また選んだ6つの炎上事例から自分が学ぶこと（教訓）は何かについて800字で説明すること。

大学生の炎上事例1

原因

結果

(解答メモ)

大学生の炎上事例2

原因

結果

(解答メモ)

社会人の炎上事例1

原因

結果

(解答メモ)

社会人の炎上事例2

原因

結果

(解答メモ)

有名人の炎上事例1

原因

結果

(解答メモ)

有名人の炎上事例2

原因

結果

(解答メモ)

上記の炎上事例から学ぶべき教訓

(解答メモ)

Lesson 3

炎上後対応の基本

　炎上事件を引き起こしたり、巻き込まれてWeb上でプライバシーの侵害を受けた場合は、第一に自己の個人情報が公開されている書き込みや画像、動画について、SNS等の運営会社に削除依頼を出すこと。法務省人権擁護機関などがWeb上や電話で相談を受け付けているため、炎上事件を引き起こしたり、巻き込まれた早い段階で相談することができる。犯罪の可能性のある悪質な被害を受けている場合は、全国の警察本部に「サイバー犯罪相談窓口」が設置されているので電話やメールで相談するとよい。

その他相談窓口

　法務省人権擁護機関は「みんなの人権110番」や「子どもの人権110番」、「女性の人権ホットライン」などの相談窓口を開設している。削除依頼を行っても風評被害が収まらない場合は、Web上の人権問題に詳しい、NPOや社団法人に相談することもできる。

・法務省「法務省人権擁護局フロントページ」<http://www.moj.go.jp/JINKEN/index.html>（最終アクセス2019年2月9日）

被害者になった場合

　加害者に対して「名誉毀損」や「損害賠償」を訴えることを考える場合は弁護士に相談するのが一般的。Web上の風評被害に関する訴訟の実績のある法律事務所を検索して相談するとよい。

　一刻も早く風評被害を収めたい場合は、SEO対策（Search Engine Optimization、検索エンジン最適化とも翻訳される）を行っているIT企業に相談することもできる。相応に費用は掛かるが、自己の名前を大手検索

サイトで検索しても、検索結果の上位に誹謗中傷が含まれるサイトがこないように、検索結果を「最適化」する作業を依頼することができる。

演習3
もし自分のアカウントが炎上した場合、早急にどのような善後策を施す必要があるだろうか。各SNSのヘルプセンターや警察の「サイバー犯罪相談窓口」、法務省人権擁護局のホームページなどに記載されている内容に目を通し、600字で行うべきことを順番にまとめること。

(解答メモ)

第2回

企業のネット炎上パターンと情報メディア・リテラシー

この回の目標

前回に引き続き、Web上のコミュニケーションが一般化した時代に、どのようなメディア・リテラシーが必要とされているのか、具体事例をもとにして学ぶ。この回は、一般企業や公的機関・団体が引き起こし、巻き込まれたネット炎上の具体的な事例をもとにして、Web上の文章表現のあり方について考える。またどのような文章表現やコミュニケーションが炎上事件を誘発するリスクが高いのか理解を深め、Web上のコミュニケーションに際して、メディア・リテラシーを身に付けることの重要性について学ぶ。この回の演習問題を通して、炎上リスクを軽減し、メディア・リテラシーと結び付いた文章表現能力を高めることを目指す。

授業の問い

現実空間がWeb上の情報世界と混ざり合い、複雑に社会的な機能が分化した現代社会において、私たちが身に付けるべきメディア・リテラシーとはどのようなものだろうか？

Lesson 1
企業や公的機関・団体のメディア・リテラシーの基本

所属する組織で広報の仕事に従事しなくとも、個人のSNS上での発言が炎上して、書き込みの内容や友人関係から、所属している企業や機関、団体が特定され、所属する組織が批判される事例も存在する。

一般企業は公式アカウントを削除することが難しいため、一度アカウントが炎上すると、批判が長期化する傾向にある。このため個人の責任で所属企業のアカウントが炎上すると、社内で長期にわたって責任を問われる可能性が高い。

一般企業や公的機関・団体は、自らの活動を広く広報するために、

炎上のリスクがあっても、SNS上に公式アカウントを作り、情報を発信する必要に迫られている。同業他社や比較される機関・団体がSNS上の広報活動に力を入れている場合は、SNS上の広報活動を止め、アカウントを削除することは難しい。

　このようなオンラインの広報活動の現状を考えれば、出版物に校正が入るように、一般企業や公的機関・団体のSNS上の発言にも、第三者の視点で校正を入れる必要があると私は考える。

ポイント

・後述の一般企業や公的機関・団体の炎上事例は、第三者の視点による校正や内容のチェックが不足しているために生じた問題であると要約することができる。

・公式アカウントを運営する担当者も人間であるため、不適切な発言を行い、炎上することがある。企業の公式アカウントは閲覧者数も多いため、不適切な発言は問題視されて、拡散される確率が高い。

・Web上で広報を担当する可能性のある社員には、現代的な炎上事例を踏まえたメディア・リテラシーに関する教育が必要不可欠である。企業の多くの炎上事例は、他の企業の炎上事例に対する理解の不足と、現代的なメディア環境に対応した、リテラシーの不足から生じる傾向にある。

Lesson 2
一般企業や公的機関・団体の炎上パターン

　一般企業や公的機関・団体の公式アカウントの炎上パターンについて

理解を深め、社会的に問題のある文章や広告やCM等の表現に気づくことのできるメディア・リテラシーを身に付けることが重要である。

> **1 公式アカウントが社会常識や公序良俗に反する書き込みをして、炎上する事例**
> 日本版の「ディズニー公式」のTwitterアカウントが、2015年8月9日の長崎への原爆投下の日に、日本語で「なんでもない日おめでとう。」とツイートして炎上している。ツイートに添付された画像の中でも、不思議の国のアリスのキャラクターが「A VERY MERY UNBIRTHDAY TO YOU（なんでもない日おめでとう）」と述べていたため、問題となった。

ポイント

・広島と長崎への原爆投下に責任を有する米国を代表する企業が、長崎に原爆が投下された日に「なんでもない日おめでとう。」という書き込みをするのは、明らかに公共性を損ね、社会常識に反する行為である。

・日本では株式会社オリエンタルランドが運営する東京ディズニーランドの成功もあり、ディズニー社の企業イメージがよい。しかし、上記のような社会常識に反する書き込みは、公然と批判されるべき内容である。

・ディズニーのような大企業に限らず、中小企業の公式アカウントにも公共性を損ねるような書き込みが多く見られる。メディア・リテラシーに関する十分な教育を受けていない若手社員が、SNSの公式アカウントの「中の人」を担当し、不用意な書き込みをして炎上するケースは多すぎるほど多い。

・一般論としていえば、公式アカウントは、外部委託して運用するに

は費用がかかり、AIを導入して自動で運用するには、自然言語処理技術の精度が悪い。このため、各企業の担当者がメディア・リテラシーを身に付けて、公式アカウントを運用するより他ないのが現状である。

演習1
前出のディズニーの炎上事例について、自己の考えを200字で簡潔に記すこと。

(解答メモ)

演習2
一般企業や公的機関・団体の公式アカウントが社会常識や公序良俗に反する書き込みをして、炎上した事例を、上記以外でひとつ挙げ、その概要とメディア・リテラシー上の問題点を600字でまとめること。

事例の概要

原因

結果

メディア・リテラシー上の問題点

(解答メモ)

> 2　公式アカウントの広告やCMに差別的な表現や不適切な表現が含まれていたため、批判が殺到して、炎上する事例
>
> 2014年に放送された全日空のテレビCMで、「日本人のイメージ変えちゃおうぜ」と言われたパイロット役のお笑い芸人が、金髪のかつらをかぶり、高さを強調した鼻を付けて登場し、その後「羽田国際線大増便！」というテロップが流れた。このCMに対して放送直後から批判が殺到し、「人種差別的だ」「金髪に高い鼻というのは欧米人に対する偏見では？」「日本人にとって外国は欧米だけなのか？」「欧米の人々の中には、鼻の高さをコンプレックスに感じている人もいる」といった批判を浴びて、炎上した。このCMはすぐに放送中止となり、別のCMに差し替えられた。

ポイント

・このCMが放映された当時、全日空は「羽田国際線」に関して、欧米便以外にも、マニラやジャカルタなどアジア便の発着枠を増やしている。日本人のイメージを変えることが、「白人になること」という「脱亜入欧」的な考えが古臭く、全日空は差別的であるという批判を多く受けた。

・全日空のCMに限らず、他企業のCMや広告、テレビ番組など日本のメディア・コンテンツには、多文化主義的な価値観に照らし合わせて、不適切な表現が数多く見られる。

・日本と国際社会の架け橋として、重要な役割を担う航空会社が、このような人種差別的なCMを流してしまう問題の根は深いと私は考える。一般に差別的な表現で炎上してしまうと、その表現を許容した組

織で働く人の全体が人種差別的であると考えられてしまう。

・このCMは放送直後から国内外の多くの人々から批判を浴び、全日空は高額の広告費を無駄にして、ブランド・イメージを大きく毀損することとなった。

・そもそも日本の航空会社は、客室乗務員（キャビンアテンダント）の女性比率が高過ぎる。客室乗務員には荷物の上げ下げや、非常時の対応も必要とされるため、相対的に背が高く、力が強い男性が客室乗務員を務めることは、他国の航空会社ではごく一般的なことである。「日本の航空会社は、客室乗務員の仕事に対して性的な分業を暗々裏の前提にしているのでは？」と疑問に思ってしまう。

・全日空に限らず、海外の空港で日本の航空会社を利用すると、パスポートを差し出す前に外見で「日本人」であると判断されて、「こんにちは」「お帰りなさいませ」といった日本語の挨拶を受けることが多い。しかもすべての乗客に日本語で挨拶しているわけではなく、乗客を外見で判断して、英語の挨拶と日本語の挨拶を使い分けている。このような「人種差別的なおもてなし」の仕方にも、上記のCMに表象される問題が表れていると私は考える。

演習3
前出の全日空の炎上事例について、自己の考えを200字で簡潔に記すこと。

(解答メモ)

演習4

一般企業や公的機関・団体の公式アカウントの広告やCMに差別的な表現や不適切な表現が含まれていたため、公式アカウントに批判が殺到して、炎上した事例を、上記以外でひとつ挙げ、その概要とメディア・リテラシー上の問題点について600字でまとめること。

事例の概要
_____
原因
_____
結果
_____
メディア・リテラシー上の問題点
_____

(解答メモ)
_____
_____
_____
_____
_____

> 3 注目度を高めることを目的とし、人目を引くような広報活動や「やらせ」に近いステルス・マーケティングを行い、逆効果となって、想定外の批判を浴び、炎上する事例
>
> 2015年に英国のウィリアム王子とキャサリン妃の間に、長女シャーロット・エリザベス・ダイアナ王女が生まれ、大分市の高崎山自然動物園の猿の赤ちゃんに「シャーロット」という名前が付けられた。
>
> その後、この一件がニュースとして伝えられると、「英王室に対して失礼」、「英国のサルに日本の皇族にちなんだ名前が付いたらどう思うのか」、「撤回してほしい」など300件以上のクレームが動物園に寄せられ

た。高崎山では、毎年話題になった人物や出来事に関連する名前を、新しく生まれた猿に付けてきた経緯があり、この炎上事件の2年前から猿の名前は公募制となっていたため、「シャーロット」という名称は公募で集まった853通の内、最多の59通を獲得した名前であった。ただ公募とはいえ、動物園は最終判断を下して「シャーロット」と命名した責任を有していたと考えることもできる。

・公募の条件は「カタカナで2文字以上5文字以内の名前」、「この1年で話題になった言葉や出来事にちなんだ名前」であり、片仮名ということもあり、外国人の名前を応募しやすい状況にあった。公募という形で命名の責任を一般の人々に委ねつつ、最終判断は動物園が下すという仕組みそのものは、一般的な手法である。

・同様の事例として、鶴岡市の加茂水族館で生まれたゴマフアザラシに「エリザベス」という名前が付けられているが、「エリザベス」という名称は新王女だけを想起させるものではなく、旅客船の名前など、日本でも一般に馴染みのある名称である。このため加茂水族館については、高崎山自然動物園のように炎上していない。

・高崎山自然動物園は、一度は「シャーロット」の命名を撤回したが、英国の王室の広報が「気にしません」というコメントを出したため、最終的に「シャーロット」という命名を撤回せず、その後も猿の名称として使用し続けた。

・ただ公募とはいえ、英国で誕生したばかりの王女の名前を、日本の動物園が猿の名前として採用することには慎重であるべきだったと私

は考える。

・英国など欧州の国々では「猿」は、日本人をはじめとするアジアの人々に対し「人間より劣った存在」のたとえとして、長く使われてきた言葉である。このような意味を持つ「猿」に、生まれたばかりの王女の名前を採用する行為は、遠い昔の差別表現を蒸し返す「意趣返し」と受け取られる可能性があり、品のよい行為とは言えない。

・一部の日本テレビ番組では、英国の一般市民のインタビューをとり、「気にしない」というコメントを拾っていた。しかし上記の文化的な文脈を考えれば、英国の人々も、表だっては日本の動物園を批判し難かったのが実情だろう。

・炎上事件の後、高崎山自然動物園はポスト・カードなど「シャーロット」のグッズを販売し、Web上でも「シャーロット」を宣伝材料にしている。結果として、動物園は「炎上マーケティング」として、英国王室の王女の名前を付けた猿を「客寄せ」として利用し続けてきた。

・高崎山自然動物園は私も何度も来訪したことがあり、素晴らしい施設だと思う。しかし「シャーロット」の命名については、上述の通り、英国など欧州の文化的背景を考えて、撤回すべきだったと私は考える。

・上記の例は、意図的にアカウントを炎上させることで、特定の企業や商品、サービス等の認知度を高める「炎上マーケティング」に近い行為である。これは明確にメディア・リテラシーに反する行為である。炎上マーケティングは、悪質な場合は、無作為を装った「やらせ」ととらえられる行為であり、現代社会を生きる私たちは企業の「炎上

マーケティング」を見分けるメディア・リテラシーを身に付ける必要がある。

演習5
上記の高崎山動物園の炎上事例について、自己の考えを200字で簡潔に記すこと。

(解答メモ)

演習6
一般企業や公的機関・団体が、意図的に注目度を高めることを目的として、人目を引くような広報活動をし、公序良俗に反するとまでは言えないが、逆効果となり、想定外の批判を浴びて炎上した事例を、上記以外でひとつ挙げ、その概要とメディア・リテラシー上の問題点について600字でまとめること。

事例の概要

原因

結果

メディア・リテラシー上の問題点

(解答メモ)

4 ミスや不祥事を引き起こし、そのミスや不祥事はさほど批判を受けていなかったが、事後対応の悪さが注目を集めて炎上する事例

2014年に通信教育会社のベネッセが、氏名、性別、生年月日、住所、電話番号が記された個人情報約3504万件、約4800万人分を、流出させていたことが発覚して問題となった。三次下請けの派遣社員のシステムエンジニアが、名簿業者に情報を売っていたことが原因であった。大規模な個人情報の流出事件であったが、同様の情報流出は他の企業でも発生していたため、規模の大きさの割に、当初はさほど注目されていなかった。しかしその後、ベネッセが個人情報の流出の被害にあった顧客に「500円の金券を配る」という対応を行ったことで批判が集まり、炎上してしまう。ベネッセは「500円の金券」を支払うために、諸費用を含めて260億円ほどを準備したが、会員から集団訴訟を起こされ、公式アカウントも炎上する事態となった。このためベネッセの企業イメージは悪化し、多くの会員が脱会して、同社は2年連続の赤字に陥ることとなった。

ポイント

・ベネッセにとっては損害賠償を求める裁判に応じて、賠償金を支払う方が、費用が安く済む可能性が高かった。しかし、裁判が長期化して企業イメージが悪化することを懸念し、被害者全員に対し「500円の金券」を準備することを決めた。しかしこの決定が裏目に出て、「個人情報一件がたったの500円?」「500円なら払わない方がマシ」といった批判を集めて、260億円もの大金を準備したにもかかわらず炎上を加速させてしまった。

・ベネッセは、「500円の金券」の支払いと同時に「他のお詫びのあり方」として「ベネッセこども基金」の設立を発表した。ただお詫びの金券を受け取らずに、同基金への寄付が選べるという提案についても「上から目線」という印象は拭えず、更なる批判を集め、火に油を注ぐ結果となった。

・情報流出はベネッセ以外にも、米国のIT企業をはじめ、多くの企業が引き起こしてきた問題である。ベネッセの場合は、「たった500円」という悪い意味で「インパクトの強いお詫びの仕方」が注目を集め、Web上で話題となってしまい、その後の目立った事後対応の悪さにも、批判が集中した。

・約3504万件、有効な個人情報2895万件すべてに対して500円を支払うベネッセの対応は、過去の個人情報流出の事例と比べても、負担額が大きく、身を切るような対応であった。しかし「たった500円」という印象の悪さが際立ってしまい、260億円に及ぶ大金をベネッセが負担したことの誠意は、一般社会に上手く伝わらなかった。

・炎上した後のコミュニケーションのとり方も、重要な広報上の課題と言える。企業の経営者は賠償金を多く支払えば、誠意が伝わるというわけではないことを理解する必要がある。

演習7
前出のベネッセの炎上事例について、自己の考えを200字で簡潔に記すこと。

(解答メモ)

演習8

一般企業や公的機関・団体がミスや不祥事を引き起こし、そのミスや不祥事そのものはさほど批判を受けていなかったが、事後対応の悪さが注目を集めて炎上した事例を、上記以外でひとつ挙げ、その概要とメディア・リテラシー上の問題点について600字でまとめること。

事例の概要

原因

結果

メディア・リテラシー上の問題点

（解答メモ）

5　一般企業や公的機関・団体に所属する個人が、職務上知り得るような機密情報を、個人のアカウントで公表して、所属先の機関を含めて批判され、炎上する事例

2011年に北海道のホテル「グリーンパークいわない」の従業員の女性が、アイドルグループ・嵐のメンバーである櫻井翔が勤務先に宿泊したとツイートし炎上した。「やばいやばいWWWうちのホテルに櫻井翔くん泊まったんだがWWWこれから泊まった部屋行ってくるWWW」など

とつぶやき、宿泊した部屋の写真を公開したことが、問題となった。従業員はホテル従業員という職権を乱用して、ホテルの部屋に残されたタバコの吸い殻や缶チューハイの写真を個人アカウントで次々と公開。ジャニーズ事務所は「櫻井ではなくマネジャーの部屋だった」と回答したが、人気アイドルのプライバシーを侵害する意図が明らかな事例であったため、ファンからも批判が殺到し、従業員のアカウントは大炎上してしまう。Web上で従業員のmixiのアカウントが特定されて、実名と勤務先のホテル名が曝され、長期にわたり個人攻撃が繰り返される事態となった。

ポイント

・この炎上事件は人気アイドルグループの嵐が関係しているため目立った問題となったが、その後も有名人のプライバシーを侵害するツイートをして炎上する事例は、数多く発生している。

・上記のように職業上知り得た情報を公開して炎上する事例は、世界中で幅広い職種に見られる。例えば軍隊で働く人々が軍事上の機密情報をWeb上に書き込んだり、病院の医師が患者の医療情報を漏らす事例。弁護士が被告の個人情報を流出させたり、税務署で働く人々が有名人の所得に関する情報を流出させる事例など、漏洩した場合に社会的な影響が大きいものも存在する。

・他にも情報流出のリスクを高めるSNS上の人間関係のあり方が批判され、炎上事件に発展することもある。具体的には、SNS上で裁判官が被告人と「友達」になったり、刑務所の護衛官が囚人と「友達」になるなど、「利益相反」のリスクを高めるコミュニケーション行為が問

題視されることが多い。

・「自分しか知っていない情報」を、Web上にアップロードして友人や不特定多数の人々から関心を集め、「承認欲求を満たしたい」という人は、情報流出のリスクの高さを、普段から認識しておくべきである。

・炎上した書き込みは瞬時に世界各地のサーバーへ拡散されるため、オンライン上から完全に消去することは難しいことを、繰り返し考える必要がある。

演習9
上記のホテル「グリーンパークいわない」の炎上事例について、自己の考えを200字で簡潔に記すこと。

(解答メモ)

演習10
一般企業や公的機関・団体に所属する個人が、職務上知り得るような機密情報を、個人のアカウントで公表して、所属先の機関を含めて批判され、炎上した事例を、上記以外でひとつ挙げ、その概要とメディア・リテラシー上の問題点について600字でまとめること。

事例の概要

原因

結果

メディア・リテラシー上の問題点

(解答メモ)

Lesson 3
当事者以外のネットを炎上させる要因

　ネット上の炎上事件は、炎上の対象となる人のみに問題があるとは限らず、炎上を仕掛けたり、拡散する人々のメディア・リテラシーにも問題がある場合も多い。

　炎上を仕掛けたり、それを拡散することを好む人々は、悪を摘発し、社会を良くしたいというよりも、炎上を成功させることで、他人からの承認欲求や、自分の存在欲求を満たしたがる傾向が強い。

　特に上記の人々は、有名な企業や公的機関、団体に自己のクレームを受け容れさせることで、カタルシス（精神の浄化作用）を得たがる傾向が強いと考えられる。

　ネット炎上を仕掛けたり、拡散させたりする人々の欲求には、ファンタジー作品の主人公が次々に悪役をやっつけていくような「ハリウッド映画的」あるいは「ゲーム的」な現実感が作用していると私は考える。ボスキャラをやっつけないと、映画やゲームが終わらないように、炎上事件もトップが自らの非を認めない限り、批判は終息しない。

　「ハリウッド映画的」ないしは「ゲーム的」な炎上事件が盛り上がる

前に、早い段階で企業のトップが顔を出して責任の所在を認め、謝罪した上で、善後策を「開かれた形」で募ることが、今のところは炎上事件を沈静化するために最も有効な方法であると私は考える。

ポーランドの社会学者、ジグムント・バウマンは、グローバル化とIT化が進行した現代では、旧来の秩序を支えていた社会構造そのものが液状化し、不安を解消する場所を失った「液状不安」が生じる傾向にあると考えている。

ネット炎上事件は、人々の「液状不安」のはけ口として存在していると私は考える。人々の「液状不安」が緩和されない限り、このような事例を減らすことは難しいのではないだろうか。

演習11
現代社会からネット炎上事件を減らすためには、どのような具体的な取り組みや規制が必要であると考えるか、第1回と第2回の炎上の事例を参考としながら、自己の考えを600字でまとめること。

（解答メモ）

第3回

メディアの基本理論を踏まえた文章表現とメディア・リテラシー

この回の目標

　総務省の情報通信白書に記載されているように、新聞社や出版社の売上げは減少する一方で、Web上のコンテンツの閲覧数は増加している。ただアクセス数を稼ぐために、出典の怪しい情報がWeb上に数多く公開されている現状を考えれば、権力を監視し、正確性の高い情報を配信するメディアの役割は、未だに大きいといえる。この回の目標は、メディア研究の成果を踏まえ、情報社会が抱える構造的な問題や、Web上に情報やコンテンツがあふれる時代のメディア・リテラシーのあり方について理解を深め、公共性の高い文章表現能力を高めることにある。

授業の問い

　現実世界がWeb上の情報世界と混ざり合い、複雑に社会的な機能が分化した現代社会において、私たちが身に付けるべきメディア・リテラシーとはどのようなものであるべきだろうか？

Lesson 1
「メディア」に関する基礎知識

　Web上に情報があふれる現代社会では、異なる情報を、異なる時間間隔で配信するメディアの特性を理解するリテラシーが必要とされる。速報性の高いメディアと、日々生じる出来事を、週、月のサイクルで時間をかけて検証し、その社会的・歴史的な文脈について考察するメディアの双方を、使い分けることが重要である。

　メディアという言葉は、「間に入るもの」という原義を持つ。メディア（＝間に入るもの）は、人々を公共的な問題に媒介することもあれば、公共的な問題から切り離すこともある。メディアは、公共的な問題との関わりにおいて両義的な存在と言える。

近代以前は「メディア」とは神と人間を媒介するものを意味し、具体的には教会や聖書を意味した。神と人間を媒介するものが「教会」である場合は、カソリックの信仰形態を意味し、神と人間を媒介するものが「聖書（世界初の活版印刷メディア）」である場合は、プロテスタントの信仰形態を意味した。

　ヨハネス・グーテンベルクが活版印刷の技術を用いて印刷した「42行聖書」は、メディアに関する技術革新を超えた画期的な発明であった。これは、神と人間を媒介する「メディア」が、「教会権力」から印刷・複製された「聖書」へと変わることを象徴する発明品で、近代的な市民革命を準備した。

　ただグーテンベルクは「31行免罪符」など免罪符も印刷したとされ、「42行政聖書」も庶民の手の届かない値段で販売していた。彼が生きた時代は印刷業者が教会権力と癒着することなしには、自立することが難しい時代でもあった。グーテンベルクの生地であるドイツのマ

グーテンベルク博物館（著者撮影）

インツには、グーテンベルク博物館があり、印刷技術と印刷メディアの歴史に関する大規模な展示があり興味深い。

ベルギーのアントワープにある「プランタン＝モレトゥスの家屋・工房・博物館複合体」は、世界文化遺産に登録されている施設の中でも珍しい、印刷・出版に関する施設である。16世紀にヨーロッパを代表する出版業者として知られたクリストフ・プランタンの工房を改装した歴史的な雰囲気の感じられる博物館で、1460年頃に印刷された

プランタン＝モレトゥスの家屋・工房・博物館複合体（著者撮影）

とされる36行聖書や、現存する世界最古の印刷機など、出版印刷の歴史に関する展示が充実している。人文主義者（ユマニスト）の輩出にも貢献した場所としても興味深い。

「コミュニケーション」に関する基礎知識

コミュニケーションという言葉は、ラテン語で「神」と「人」が融合して、一体化するという意味に起源を持つ。キリスト教の教義では

「神」は人々に信仰を通して自らと一体化し、神の声を聞き入れることを求める。人々は神との「コミュニケーション」を通じて、自らの立場をわきまえ、信仰の下で果たすべき役割を認識してきたのである。

現代では神が不在であるという認識の方が強いため、多くの人々は「メディア」を介して世界で起きる出来事を認識し、自らの立場や果たすべき役割を認識していると言える。

コミュニケーションには「メディア」を介した情報の送受信という意味だけではなく、「交通機関」の意味もある。マス・メディアの発達の歴史は、交通機関の発達の歴史とも強く結び付いている。

鉄道の発達によって、同じ日に発行された新聞や、同時期に刊行された書籍や雑誌等の出版物が、距離の離れた地域で読まれるようになった。また鉄道の発達によって乗車中の読書が一般的になり、書籍の小型化が進行した。

かつてメディア産業の中核であった新聞社は、日本では読売新聞や中日新聞のように日本のプロ野球の球団を所有している。他にも阪神電気鉄道など「コミュニケーション＝交通」に関わる電鉄会社が、プロ野球の球団を所有している。近年ではソフトバンクや楽天、ディー・エヌ・エーなど「コミュニケーション＝情報通信」に関わるIT企業が日本のプロ野球の球団を所有するようになった。プロ野球が長らく人気の高いメディア・コンテンツであったことを考えれば、広義の「コミュニケーション産業」と日本のメディア産業の関係は深い。

活字メディアと映像メディアの違い

新聞や雑誌などの活字メディアは、読み書きに習熟した人向けのメディアであると考えることができる。意味内容やそれを伝える意図を「伝達」するメディアであるため、「真偽」を判定する「公的」な議論に向いているが、一次情報源として、誤った報道や偏った報道を通し

て、世論を誘導するリスクを有している。例えば、ニューヨーク・タイムズが「驚異と応酬：イラク／サダム・フセインが原爆の部品調達を強化している」(2002年9月8日)という誤報でイラク戦争の開戦を後押ししたことは有名である。

テレビや動画などの映像メディアは、読み書きに習熟していなくても利用できるメディアであると考えることができる。意味内容よりも印象やイメージを「伝達」するメディアであり、第二次世界大戦に前後して国民統合のイメージを形成するメディアとしての役割を強めてきた。

Web上のニュースサイトやSNSなどのオンライン・メディアは、速報性と拡散性の高いメディアで、活字・映像メディア双方の特性を有している。「好き嫌い」を判定する「私的」な共感を集約することに向いているが、事実の検証が確かではない情報が拡散されやすいという、アーキテクチャ（構造）上の問題を有している。

Web上に情報があふれる時代において、メディアとは、情報を取捨選択し、過剰に伝えないための装置という意味も有している。近年では、検索サイトなどを運営するIT企業（プラットフォーム企業）は、個々人の過去の検索履歴やWeb上の購買行動などを解析にかけて、関心のある情報を優先的に表示する「フィルタリング」を行っている。このため現代社会では、人々と未知の情報との偶然的な出会い（serendipity）が低下していることが問題視されている。市民社会を健全な状態に保つには、「フィルタリング」の外側で、人々が社会や世界に関する公共性の高い情報に触れる機会を担保するアーキテクチャが必要であると私は考える。

演習1
図書館で新聞縮刷版もしくは新聞記事データベースを使用して以下の

課題に取り組むこと。

1　自分の祖父・祖母のうち一人の生年月日を調べ、その生年月日の新聞に目を通し、印象に残った記事をひとつ選び、その記事が報道している出来事の概要と、社会的・歴史的な文脈の概要を400字でまとめること。

(解答メモ)

_____

_____

_____

2　自分の両親のいずれかの生年月日を調べ、その日の新聞に目を通し、印象に残った記事をひとつ選び、その記事が報道している出来事の概要と、社会的・歴史的な文脈の概要を400字でまとめること。なお選択する記事は、1で選択した記事と共通したテーマ性を有するものとする。

(解答メモ)

_____

_____

_____

3　自分の誕生日の新聞に目を通し、印象に残った記事をひとつ選び、その記事が報道している出来事の概要と、社会的・歴史的な文脈の概要を400字でまとめること。なお選択する記事は、1、2で選択した記事と共通したテーマ性を有するものとする。

(解答メモ)

4　上記の3つの共通するテーマの記事について、何が変化して、何が変化しなかったのかに着目し、自己の考えを600字でまとめること。

(解答メモ)

Lesson 2

「日本のメディア構造」に関する基礎知識

　マス・メディアとオンライン・メディアの別を問わず、現代では「様々なメディアを読み分ける」リテラシーが問われている。「日本のメディア構造」を相対化し、日本語で配信される情報を、英字で配信される情報と比較しながら、同時代の世界への理解を深め、メディア・リテラシーを高めることが重要である。

　日本のマス・メディアはNHKを除いて、新聞社、テレビ局が経営面で系列化されており、「クロス・オーナーシップ」を有している。

　関東圏のテレビ放送局チャンネル番号を例に取れば、以下のような割当となっている。

4　日本テレビ放送網（NTV）、読売新聞
5　テレビ朝日（EX）、朝日新聞
6　TBSテレビ、毎日新聞
7　テレビ東京（TX）、日本経済新聞
8　フジテレビジョン（CX）、産経新聞

　田中角栄は郵政大臣時代（1957年～）から、テレビ局の系列化と、主要全国紙による統合を推進してきた。民放の持ち株を新聞社に整理させ、テレビ局と新聞社の系列化・統合を推進することで、自由民主党による「メディア支配」を容易にしようとしたのである。

　このような歴史背景もあり日本のメディア構造は、広告代理店を含めて、大手企業が「持たれあい」ながら共存共栄する構造にある。日本のメディアの構造は、日本の政治・経済の構造と類似していると考えることができる。

　一部の識者から「情報カルテル」と呼ばれている「記者クラブの仕組み」や、書籍・雑誌・新聞・音楽ソフトなどの定価販売を定めた「再販売価格維持の制度」など、他国では珍しい大手メディアを保護する制度が日本では残存している。

　日本の新聞社は、株式非上場のため細かな収支は不明瞭であるが、経常利益率が低いという特徴がある。法律による規制により、過度な競争が制限されている反面、公共性を担う責任を有しているため、日本のメディアは一般企業に比して多くの利益を稼いでいない。第14回で詳述する通り新聞社の売り上げが落ち込む中で、テレビなど他のメディアが新聞を支えてきたが、新聞の発行部数の下落は止まらず、2018年には産経新聞が全国紙の看板を下ろしている。

　独占的なメディア環境だからこそ、一定の公共性を担保できる部分

もあったが、日本のメディア環境は健全な競争を阻害しているという批判が根強い。近年では既存のメディアは、Web上のメディアとの競争に苦戦する状況に陥り、情報の公共性の低下が問題視されている。

🔖 **ポイント**

・マス・メディアやWeb上のメディアは広告収入によって経済的に支えられているため、伝統的に「広告媒体」というニュアンスが強い。

・近代化が進展し、中産階級が台頭するにつれて、新聞やテレビ等のマス・メディアは「第4の権力」もしくは「民主主義のゲートキーパー」として、権力を監視する役割を期待されてきた。

・ただ今日ではマス・メディアがWeb上のエンターテイメント性の高い情報との競争に曝され、経営上の問題に直面している。ただマス・メディアに代わって、Web上のメディアが「第4の権力」もしくは「民主主義のゲートキーパー」としての役割を果たしているかというと、現状では問題が多い。Web上のメディアはアクセス数を稼ぎ、広告収入を稼ぐために、既存のメディア以上に、センセーショナルで事実検証が不十分な情報を配信する傾向が強い。

・欧州で高等教育を受けた人々は、自国のメディア報道をWeb上の英字メディアと比べて相対化する傾向が強い。しかし日本では、高等教育を受けた人々が自国のメディア報道を、英字メディアと比較して相対化しながら理解する傾向が弱い。日本のメディア環境が有する問題は、メディアが配信する情報を受容する人々のリテラシーの問題と地続きであると私は考える。

演習2

「記者クラブの仕組み」と「再販売価格維持の制度」について調べたことを各400字でまとめること。

(解答メモ)

演習3

図書館で好きな雑誌を選び、バックナンバー10冊に目を通した上で以下の課題に取り組むこと。

1　選んだ雑誌が想定している読者層について100字で説明すること。

例　文藝春秋「文學界」を選んだ場合
小説や評論、エッセイ、哲学、社会評論などの文章表現に関心のある人々向けの内容。芥川賞の候補作となる小説が掲載されることも多い。このため現代日本の小説が好きな人が読者の中心であると推定される。(96字)

(解答メモ)

2　選んだ雑誌に掲載されている広告に目を通し、広告を出稿している企業の特徴と、その雑誌に広告を出稿した意図について、400字で説明すること。

(解答メモ)

3 選んだ雑誌が社会に伝えようとしている「情報」の良い点について、具体的な記事3つに言及した上で分析しながら、その雑誌のメディアとしての存在意義について600字で述べること。

(解答メモ)

Lesson 3
「現代的なメディア理論」に関する基礎知識

　現代的なメディア理論を踏まえて、IT革命以後のメディア環境について理解を深めることが現代的なメディア・リテラシーと文章力を高める上で重要である。特に「情報を取捨選択する能力」と「複雑化する世界をその構造から理解する能力」、「自分の趣味趣向と異なる情報や意見と出会うことを促進するアーキテクチャ（構造）について想像を巡らせる能力」の3つ（＝著者が重視する現代的なメディア・リテラシー）を身に付けることが重要である。

　ドイツのメディア学者、ノルベルト・ボルツは、『世界コミュニケーション』等の著作で、IT革命の本質は情報量の増加にあるのでは

なく、増加にともなう個々人の時間の減少にあると考えている[*1]。つまり個々人の時間が、情報の取捨選択に割かれることで、情報の内容について考える時間が減少する。

ドイツのメディア学者、フリードリヒ・キットラーは『ドラキュラの遺言』等の著作で、IT革命が起き、ユーザーがマシン全体と取り組まなくてもよくなったことと、人が世界全体の問題と取り組まなくてもよくなったことは似ていると考えている[*2]。

私たちの多くはパソコンやスマートフォンがどのような仕組みで動いているのかについて考えずにそれを使っている。同様に、私たちの多くはグローバル化とIT化が進行し、複雑に機能分化した世界全体がどのような仕組みで動いているのかについて考えずに生きているのだ。

米国のメディア法学者、キャス・サンスティーンは『インターネットは民主主義の敵か』等の著作で、Web上で人々は自分が関心のある情報にばかりアクセスする傾向があるため、自分と異なる意見を持つ人々への関心が薄れ、コミュニケーションが極端化する傾向が生じると考えている[*3]。

言い換えれば、サンスティーンは、人々が反対意見に耳を傾けることが促進されるようなメディア・リテラシーと、Web上のアーキテクチャ(構造)の双方が現代のメディア環境に必要であると考えている。

[*1] ノルベルト・ボルツ著(村上淳一訳)『世界コミュニケーション』、東京大学出版会、2002年、pp.1-290
[*2] フリードリヒ・キットラー著(原克ほか訳)『ドラキュラの遺言』、産業図書、1998年、pp.1-366
[*3] キャス・サンスティーン著(石川幸憲訳)『インターネットは民主主義の敵か』、毎日新聞社、2003年、pp.1-223

ポイント

・複雑に機能分化した現代社会を理解するためには、膨大な情報の中

から重要なニュースを見分けるメディア・リテラシーが不可欠である。

・ノルベルト・ボルツの理論を参考にすると、Web上に情報があふれる時代のメディア・リテラシーとは「情報を取捨選択する能力」であると要約できる。

・フリードリッヒ・キットラーの理論を参考にすると、グローバル化とIT化が進行した時代のメディア・リテラシーとは、「複雑化する世界をその構造から理解する能力」であると要約できる。

・キャス・サンスティーンの理論を参考にすると、Web上のコミュニケーションが一般化した時代のメディア・リテラシーとは、「自分の趣味趣向と異なる情報や意見と出会うことを促進するアーキテクチャ（構造）について想像を巡らせる能力」であると要約できる。

・リテラシー（literacy）の原義は、文章の読み書き能力である。近代において読み書き能力＝リテラシーを教育を通して高めることは、個々人の社会構成員としての成長を促し、社会的な分業を促進し、経済的な成長を遂げるために必要とされてきた。この状況はWeb上に情報があふれ、正確な情報の取捨選択が必要とされる現在においても変わらない。様々なメディアを読み解き、情報を取捨選択する力（メディア・リテラシー）は、複雑化した社会構造を動的に理解する上で必要不可欠なものと言える。

演習4
下記は著者が週刊文春の「文春図書館」に寄稿した約1000字の書評

（書籍に対する批評文）である。この文章を参考にして、私たちがメディア・リテラシーを持って関わらなければならない社会事象をひとつ挙げ、その問題に関係する書籍を一冊選び、その書籍を選んだ理由を記すこと。その上で選んだ社会事象に対する自己の責任のあり方について考えた内容を、1000字でまとめること。

参考文
酒井信　トニー・パーカー著（沢木耕太郎訳）『殺人者たちの午後』書評
文藝春秋「週刊文春」51巻49号 2009年12月17日
p.119「文春図書館」の欄に掲載

　映画やテレビや雑誌では、人が殺される瞬間はドラマチックに描かれる。凄惨な事件が起きれば、被害者、加害者の生い立ちが詳細に調べられ、事件に至る経緯がミステリー小説のように詳しく解明されていく。しかし殺した人が罪を償っていく「その後の人生」が描かれることは少ない。この本でトニー・パーカーは、終身刑を宣告された人たちへインタビューを行い、彼らの「その後の人生」を描いている。原題はLife After Life。人生という意味のLifeと終身刑という意味のLifeが掛けられている。

　この本によれば、イギリスでは殺人で有罪になると、終身の禁固刑を宣告されるという。つまりどんなに多くの殺人事件を起こしたとしても、イギリスでは終身の禁固刑以上の刑を科されることはなく、裁判時に指定された日になると許可を得て刑務所を出ることが認められるのである。もちろん罪状や服役態度によっては仮釈放が認められることもあるらしい。ただ基本的には「社会の中で罪を償わせる」というのがイギリスの刑罰の方針なのである。と書くと「イギリスは受刑者に対して甘いんじゃないか」と感じる人もいるだろう。日本は無期懲役の受刑者の仮釈放に慎重な国の一つだから無理もない。ただこの本を読めば、終身刑の受刑者として社会に出て、

生計を立てながら罪を償うということが簡単ではないことがわかるだろう。

訳者の沢木耕太郎によれば、イギリスでは仮釈放されたとしても、保護観察官の許可なしで住所や仕事を変えることはできないという。また恋人ができたときも、保護観察官への報告義務があり、報告を受けた保護観察官はその恋人を訪ねて「事件についてすべて知っているかどうか」を確認するという。死刑制度のない他の国々に比べても、イギリスの終身禁固刑は厳しい。例えばある受刑者は次のように語っている。

「確かに俺はひとりの命を奪った。そうさ、その報いとして、社会が俺に同じことをやっているんだ。ただそのやり方というのが、一日一日ゆっくりと、それでいて容赦なく、少しずつ奪っていくというものなんだよ。蝕まれ、縮められ、一センチ一センチ小さくなっていく。そして、わずかに残されている個性や感情が、そして人格の切れ端がどんどん奪われていくんだ」

私たちは当たり前のように犯罪を「罰の量」に置き換え、罪を犯した人たちを「塀の向こう」に送り出すことに慣れている。しかしそもそも「罪に釣り合う罰」とは何なのだろうか。裁判員に選任される前に、目を通しておきたい一冊である。（1021文字）

選んだ社会事象

選んだ書籍名と選んだ理由

※1000字程度のテキストを書く上で以下の4点に注意すること

本の中に記されている「問題点」

「社会事象に関する解説」

「問題点の解決策」

自己の責任のあり方について、結論

（解答メモ）

Lesson 4
「テクノロジー」に関する基礎知識

　テクノロジーの原義は「文法の体系的な知識」を意味する言葉である。「科学技術」のみに由来するものではない。古代ギリシアにおいて「文法の体系的な知識」は、人が他人と関わるための「技術＝政治」と、人が外界を認識するための「学＝哲学」の基礎的な素養であった。「科学技術」の発展には、文章表現能力や正確な言葉をもとにしたコミュニケーション能力が不可欠であった。

　テクノロジーという言葉は、「技術」を意味するtechnoと「学」を意味するlogyが組み合わさって生まれた言葉である。

　現代社会では、テクノロジーという言葉は科学技術と同じ意味で使われるが、元々は「技術学」の意味であり、「科学技術」に限らない。テクノロジーという言葉に「科学技術」のニュアンスが付与されたの

は、近世から近代にかけてである。

　近世、ルネサンスが起こり、知的な職人層が誕生すると、技術者の芸術的な力が評価され、その地位が向上した。また航海術の発達によって、技術一般は植民地との交易を促進する上で政治・経済的な重要性をもつようになった。

　その後、産業革命が起こると、技術は職人の経験の領域を離れ、科学的な知識をもとにした工業を支える原理となる。このような歴史的な経緯から「技術」を意味するtechnoは、「科学」としてのlogyと結びつき、テクノロジーは科学技術を意味するようになったのである。

「情報社会」に関する基礎知識

　情報社会とは、今日の情報技術の発達を考慮すれば、個々人が言動の履歴から、DNAまで「情報」として収集され、管理される社会である。

　情報という言葉は、「敵情を報知する」という軍事用語に由来する言葉で、ドイツ語で書かれたクラウゼヴィッツの『戦争論』を、森鷗外が翻訳する際に作った日本生まれの漢字である。中国では日本から輸出されて和製漢字として広まった。

ポイント

・現代においてテクノロジーは、自然科学の領域にあるものとみなされる傾向がある。しかし原義に遡れば社会科学の領域とされる政治学や、人文科学の領域とされる哲学の基礎を成す広範な意味を持った言葉であった。

・言いかえれば、テクノロジーとは、科学的・合理的な知識では捉えることのできないような、人と他人、人と外的な世界の間に生じる問題を対象とする「言語技術」に他ならない。

演習5

図書館で新聞記事データベースを用いて、「科学」と「技術」と「言語」の3語が含まれる新聞記事に目を通し、例えば検索サイトの基幹技術である「自然言語解析の技術」や、人工知能を用いた記事の自動制作技術など、「科学技術」と近い関係にある「言語技術」について、具体事例を調べた上で、その将来性について600字で論じること。

（解答メモ）

第4回

コミュニケーション能力を高めるための文章表現1

三島由紀夫著『三島由紀夫レター教室』

この回の目標

　三島由紀夫著『三島由紀夫レター教室』を読んで、手紙やメールの文面を創造的に記すことの面白さを体感する。

授業の問い

　メールを使ったスマートフォン上の文章表現と、葉書や手紙を使ったコミュニケーションの文章表現の違いとは何か？

はじめに

　三島由紀夫は1925年生まれの作家で『仮面の告白』や『金閣寺』、『英霊の声』等の作品で知られる、戦後日本を代表する作家である。『サド侯爵夫人』等の戯曲や『文化防衛論』等の評論も評価が高く、欧州を中心に海外でも有名である。1963年には、ノーベル文学賞の最終選考の対象となる6人に川端康成、谷崎潤一郎、西脇順三郎と共に残り、最終の3人まで残っていたことが、近年開示されたスウェーデン・アカデミーの資料で明らかになった。その一方で戦前の昭和維新運動の影響から、民兵組織「楯の会」を結成し、1970年に市ヶ谷の陸上自衛隊の総監室を占拠。自衛隊員に決起を呼びかける演説を行い、割腹自殺したことは賛否両論を呼んだ。

　明晰で技巧的な文章で、30代でノーベル文学賞の最終候補になるほど、国内外で高い評価を受けてきた三島の割腹自殺は、各国のメディアの注目を集め、「戦後日本」を象徴する事件のひとつとして報道されてきた。Web上の動画サイトには、この時の演説の様子や、川端康成など文学者との対談、英語で海外メディアのインタビューに回答する三島由紀夫の様子が公開されている。映像を通して、両義的な評価を集めた往時の作家の姿を確認してみるのもいいだろう。

　この回は、三島由紀夫の著作の中で政治色が薄く、平易な文体で

ユーモラスに書かれた『三島由紀夫レター教室』を取り上げ、手紙やメールを通したコミュニケーションについてリテラシーを高めることを目指す。

使用する本
三島由紀夫著『三島由紀夫レター教室』(ちくま文庫)

本の概要
　年齢や性別、社会的な立場の異なる5人の登場人物たちが、「古風なラブ・レター」「借金の申込み」「招待を断わる手紙」「身の上相談の手紙」など様々な目的の手紙を、かわるがわる書きながら、「手紙を書く極意」を指南する本。女性誌に連載された文章をもとにしているため、三島由紀夫の作品の中でも読みやすく、ユーモアに満ちあふれた本のひとつといえる。今日の価値観に照らし合わせると、古さを感じる表現もあるが、全体として小説や戯曲のようでありながら、社会批評や実用書でもあり、手紙に限らずメールやSNSを用いたコミュニケーションにも応用可能な内容が含まれる。

登場人物
氷ママ子（45歳）……未亡人で、アメリカ暮らしの経験を生かして、自宅で英語塾を経営している。上流気取りなのが玉にきずだが、筆まめで社交的。
山トビ夫（45歳）……有名な服飾デザイナーだが、田舎くさいところがある性格で、チョビ髭を生やしている。恋愛経験が豊富。
空ミツ子（20歳）……氷ママ子の英語塾の元生徒。大きな商事会社に勤務するOLだが、結婚したら退社する予定。明るくてそそっか

しいが、字は綺麗で文章は内向的。
炎タケル（23歳）……アルバイトをしながら芝居の演出を学ぶ若者。まじめで理屈っぽく、議論好き。文才もあり、行儀作法も相応に身に付いており、ママ子やトビ夫に気に入られている。
丸トラー（25歳）……ミツ子のいとこで大学を三年留年している。不器用ながら楽天的な性格。体を動かすことが苦手で、テレビ好き。手紙を書くのは得意。

Lesson 1
感情を豊かに表現する文章

　三島由紀夫の表現を参考にし、手紙を書くときは自己の感情を「形容」することに意識的になること。例えば、強調を表す副詞の代わりに「たとえ」をうまく使うように心掛ける。

　お手紙拝見いたしました。
　こんなおばあさんに、それほどのお言葉をいただいて、一生忘れぬ光栄に存じます。でも、私は一切の恋愛を超越した境地におりますので、せっかくのお言葉も、足下にきかれる地下鉄の轟音のようにしか思えません。どうか、路面電車の線路と地下鉄の線路は、決して交差することはないということを、御銘記下さいますように。
　今度お目にかかるときは、もっとたのしく散文的にまいりましょう。かしこ
（「古風なラブ・レター」よりp.22）

ポイント

・感情という実態のないものをうまく形容し、それを相手に工夫を凝らして伝える文章表現について考えること。

・ネガティブな内容を伝える文章であっても、相手の立場を配慮しつつ、自分の感情を細やかに表現することで、ユーモラスに自分の意思を伝えることを心掛ける。

・上記の文章では「もっと」という言葉に、冷酷なニュアンスが込められている。「もっと〜」という言葉に限らず、「とても〜」「最高の〜」「素晴らしい〜」「全く〜」「すごく〜」など強調を表す副詞は、会話文で使用頻度が高い。ただ文章表現では、感情の伝達が軽薄なものになるのでこれらの副詞を使いすぎないように注意する。

演習1
下記の「ラブレターを断る文章表現」の空欄を埋めること。強調を表す副詞の代わりに「たとえ」をうまく使うように心掛ける。

「私は一切の恋愛を超越した境地におりますので、せっかくのお言葉も、
1 ＿＿＿＿＿＿＿＿＿＿＿＿＿＿＿＿＿＿＿＿＿＿＿＿＿＿＿＿＿＿＿
のようにしか思えません。どうか、
2 ＿＿＿＿＿＿＿＿＿＿＿＿＿＿＿＿＿＿＿＿＿＿＿＿＿＿＿＿＿＿＿
ということを、御銘記下さいますように。今度お目にかかるときは、もっとたのしく散文的にまいりましょう。

Lesson 2
頼みごとをする文章

　人に頼みごとをする文章では、相手の感情的な負担を軽減する工夫を凝らすこと。自分の意思を明確に示した上で、相手が返事をしやすいような文章表現を、文末に記すように心掛ける。

山先生にこういう手紙を差し上げるのは非礼と存じておりますが、どうか青年客気*¹のあらわれとご海容*²ください。

　実は、いちばん先に言ってしまいますが、アパート代を三ヶ月ためてしまって、にっちもさっちもいかず、金一万二千円也、拝借できればと思って、お願いする次第です。今月末給料のうちから必ず三千円ご返済申し上げ、四ヶ月で皆済させていただきたいと思います。〈中略〉

　そもそも、助け合いなどということは貧乏人のすることで、その結果生まれる裏切りや背信行為も、金持ちの世界とはまるでちがいます。金持ちの裏切りは、助け合いなどというバカな動機からは決して起こりません。

　ぼくは先生のような方に軽蔑されることを承知で、むしろそれを期待してこんなお願いをしているのです。

　青春のバカバカしさに対して客観的な立場に立つことのできる、知性ゆたかな人が、それをまるで、庭土の上に戸惑うアリのようにながめながら、軽蔑と気まぐれから、一つまみの砂糖を投げ与えるように、お金を貸して下さることを夢みています。

　若い者の将来のためを思ったり、同情したりして、先生がお金を貸してくださることをぼくは望みません。そんなことはくだらないことですし、第一、先生のような最高のダンディーには似合わないことです。

　明日、ごつごうを伺いにお店へ参りますが、どうか右について、イエスかノーか、簡潔なご返事をいただければ、と思います。

（「借金の申し込み」よりpp.39-41）

*１　客気……血気。ものごとに、はやる気持ち
*２　海容……海のように広い心。

ポイント

・上記の引用文は一見すると古い言い回しに思えるかも知れないが、社会的な地位の異なる人同士のコミュニケーションに生じる本質的な

問題を捉えている。「同情」を前提として、目上の相手にものごとを要求すると、相手に借りや感情の負担を強いることになり、相手との人間関係が硬直化しやすい。ユーモラスに、双方の感情の負担を軽減するような言語表現を通して、「お金を借りる」という「重い」目的を柔軟に達成するようなコミュニケーションを心掛けること。

・世の中にはイエス・ノーで明快な返事を求めることが必要なコミュニケーションが数多く存在する。相手が答えにくい内容の頼み事については、自分の意思を明確に示した上で、相手が簡潔に返事をしやすい文章表現を心掛けること。

・自分と相手との過去・現在・未来にわたる関係について想像をめぐらしながら、実態のない感情をユーモラスに表現して、自分の意思を伝達するように工夫するとよい。

演習2
下記の「お金を借りる文章表現」の空欄を埋めること。人に頼みごとをする時は、相手に対する感情的な負担を軽減するように、「たとえ」を用いて表現上の工夫を凝らすこと。

あなたのように
1 _____
人が、私をまるで
2 _____
のようにながめながら、
3 _____
のようにして、お金を貸して下さることを夢みています。

Lesson 3
断わる文章

　何かを「断わる」文章では、「言い訳」にあたる情報は必要最小限に留め、相手の感情の負荷を軽減するような文章表現を心掛けること。何かを「断わる」時には、その時点では自分が強い立場に立っているが、将来的には、自分が弱い立場に立ち得ることを想像することが重要。

　招待を断わるには、「のがれがたい先約があって」という理由だけで十分で、その内容を説明する必要はありません。たとい、ひと月前、ふた月前の招待であっても、そういう理由でかまいません。
　世の中にはふつう二ヶ月前の先約などありえない、というのは常識の立場であって、建前さえ守られたら、常識なんか蹴とばしてもかまわないのです。また、一ヶ月以上前に招待状がくることは、特別の場合をのぞき、まずまずありません。
　どうしても行きたくないところから招待を受けたら、二度、三度、まったく同じ理由で断わればよろしい。そうすれば、向こうも察して、以後決して招待されなくなります。それはお互いの幸福というものです。〈中略〉
　招待を断わられた側に立ってごらんなさい。断わられた側にとっては、出席か欠席かの返事だけが大切で、それについて、もはや余計な感情の負担を負いたくないのです。
　人を招いた上に、断わられて、そのうえ、何やかや感情に重荷をかけられては、たまったものではありません。こんな阿呆くさいことはありますまい。

〔「招待を断わる手紙」よりpp.72-74〕

ポイント
・「断わる」表現の仕方によっては、その後の人間関係に悪い影響を及ぼすこともあるので、細かな言葉遣いのひとつひとつに気をつけること。

・何かを「断わる」必要に迫られた時は、相手の感情を想起しながら、「余計な感情の負担」を軽減するように配慮すること。

・相手の感情に重荷をかけない「断わる」ための文章表現は、使用頻度が高い。何かを「断わる」時には、その時点では自分が強い立場に立っているが、将来的には、自分が弱い立場に立ち得ることを想起すること。

演習3

「夕食の招待を断わる手紙」を、以下のメモを参考にして600字で記すこと。

冒頭で招待についてお礼を述べる
1

簡潔な理由を添えて招待を丁重に辞退する
2

丁寧な挨拶で簡潔に文章を締めくくる
3

（解答メモ）

Lesson 4

よく知らない相手に対する文章

　人間関係の希薄な相手とコミュニケーションをとる時は、当たり障りのない些細なことについてユーモラスな表現で話題にするように心掛けること。関係の薄い相手と関係を近付けるコミュニケーションをとることは難しく、特に多くの大学生が苦手とするコミュニケーションである。

（一）手紙はなるべくなら、Ｉ（アイ）ではじまらぬようにすることです。
　Ｉ（アイ）ではじめれば押しつけがましくきこえるし、自分本位の人間に見られます。〈中略〉
（二）物喜びをなさい。
　これも日本語の手紙と同じことですが、どんな下手な言いまわしでも、感謝と喜びは相手へ伝わるものです。〈中略〉
（三）日常の些事をユーモアをまぜて入れなさい。
　たとえば、「いただいたアクセサリーを大喜びでつけて出たら、家の犬までうらやましそうに見上げていたが、家の犬は近所の犬の中でももっとも洒落者ですから、趣味眼は信用がおけるのです」
　という具合に。
（四）文法や構文に凝るよりも、形容詞に凝りなさい。
　複雑な構文でコチコチな手紙を書くよりも、何にでも形容詞をつけてみることです。

（「英文の手紙を書くコツ」よりpp.110-111）

ポイント

・上記は英文の手紙を書くコツとして、三島由紀夫が指南している内容の一部である。日本語の手紙やメールの書き方にも応用できる内容

が多く含まれている。特に（一）のIで始まらない書き出し、（二）の感謝と「物喜び」を含めた表現、（三）の日常のささやかなユーモアを交える、（四）の形容詞に凝るといったアドバイスは、現代の文章表現にも役立てることができる。

・上記のような表現上の工夫を用いて、当たり障りなく共有できる話題を、控えめに自分に興味を持ってもらうように切り出すコミュニケーションについて考えをめぐらせること。

演習4
下記の「当たり障りのない文章表現」について、以下の指示に従って文章を作成すること。人間関係の希薄な相手とコミュニケーションをとる時は、誰も傷付けることのない物事について、できる限りユーモラスな表現で話題にするように心掛ける。

※もらったアクセサリーが好みではなくても、お礼の気持ちをユーモラスに伝える文章
いただいたアクセサリーを大喜びで着けたところ
1
2
ほど、あなたのアクセサリーの評判はよかったです。

演習5
いただいた贈り物に対する「当たり障りのないお礼の文面」について、以下の❶〜❹を満たす文章を600字で作成すること。❶Iで始まらない書き出し、❷感謝と喜びを含めた文章、❸日常のささやかなユーモア❹形容詞に凝った表現。

❶Iで始まらない書き出し

❷感謝と喜びを含めた文章

❸日常のささやかなユーモア

❹形容詞に凝った表現

(解答メモ)

第5回

コミュニケーション能力を高めるための文章表現2

三島由紀夫著『三島由紀夫レター教室』

この回の目標
　三島由紀夫著『三島由紀夫レター教室』を参考にして、実態のない「感情」を創造的に表現することで、コミュニケーションの密度を高め、見ず知らずの人とのコミュニケーションを、相対的によいものにするための方法論を学ぶ。

授業の問い
　メールを使ったスマートフォン上の文章表現と、葉書や手紙を使ったコミュニケーションの文章表現の特徴とは何か？

はじめに
　メールを使った文章表現は、返信の早いコミュニケーションをうながすが、葉書や手紙を使った文章表現は、返信の遅いコミュニケーションをうながす傾向が強い。異なるメディアを用いることで、異なる時間感覚のコミュニケーションに関わっていることを意識し、長期的な視野の下で、相手とのコミュニケーションのあり方について考えるとよい。コミュニケーションをはかるメディアの特性について想像をめぐらし、メールや葉書や手紙など異なるメディアを用いた言語表現の特徴について理解を深めることもメディア・リテラシーを高める上で重要である。

Lesson 1
コミュニケーションと文章表現
　解決を必要としないコミュニケーションに関わるときは、相手の感情に一定の距離を置くように心掛けること。自分の感情が相手の感情に左右されるようなコミュニケーションには、一定の距離感が必要である。

あらゆる投書狂、身の上相談狂は自分の告白し、あるいは主張していることについて、内心は、本当の解決など求めていはしませんし、また何かの解決を暗示されても、それを心から承服したりはしません。

　かれらはただ、告白したり主張したりすることの露出狂的な喜びだけでそうするのです。手紙を出してしまえば七割方満足しているのです。

　それをまずまず心に銘記して、投書や身の上相談に接しなければなりません。

　こういう人たちは、自分で火をつけて、それから、その火事場見物に熱狂するというタイプの人間で、何かをやってのけて、その結果を、こんどは安全な場所からゆっくり見物したいのです。〈中略〉

　ところで、この身の上相談の女性もそうですが、世間の人はだれでも、彼女のことに関心を持ってくれるのが当たり前だ、という錯覚におちいっています。

　私たちには、何もそんな関心を持つ義務はないのだし、未知の人が死んでも生きても、別に興味はないのですが、彼女は、自分に対する熱烈な興味は、他人も彼女に対して同じように持つはずだと信じている。

　まず、この思い込みに、人間および人生に対する大きな誤解が隠れているのですが、身の上相談の手紙は一見、内容がどれほど妥当でも、全部がこのまちがった思い込みの上に築かれたお城なのですから、もし彼女がこの基本的な思いちがいに気がつけば、ほかのあらゆる人生問題は片づくかもしれないのに、永遠にそこに気がつかないというところに、大悲劇があるのです。

（「身の上相談の手紙」より pp.133-134）

ポイント

・上記の指摘は性別を問わず当てはまる内容である。「解決を必要としないコミュニケーション」には、そのコミュニケーションに参加することに「付き合い」上の意味があることも多い。ただ、一定の距離

を置いて関わった方がよいコミュニケーションもあると三島は指南している。

・主体的なコミュニケーションだけではなく、受動的なコミュニケーションが必要とされる状況も、日常の中に多く遍在する。「付き合い」が必要とされるコミュニケーションでは、相手の「露出狂的な喜び」や「関心を持ってくれることを当たり前だと思う錯覚」などを相対化する必要もある。その一方で「感情」が込められたコミュニケーションには、確かな魅力があり、他人の心を動かす力を持つことも多い。

演習1
解決を必要とせず、「付き合い」上の意味はあるが、一定の距離を置く必要のあるコミュニケーションについて、自己の経験を具体例として挙げながら、それが必要とされる理由について400字で説明すること。一定の感情的な距離を置きながらも、そのコミュニケーションに関わる意味について考えること。

(解答メモ)

Lesson 2
感情を込めた文章表現

　自分の言動に無関心な人たちに向けて文章を表現する時は、適度に「感情」を込め、工夫を凝らした文章を創造するように心掛けることが

重要である。

相手と自分との関係を密にするためには、実体のない「感情」を言葉として創造することも、ときに必要とされる「感情」に関わる言語表現は、ひとりで身に付けるものというよりは、他人の言語表現に共感しながら身に付けるものである。

自らの「感情」を切り出すときには、それを受け取った時の相手の「感情」や、将来的な相手との関係のあり方について思いをめぐらせること。必要に応じて実態のない「感情」をメディアとして相手とのコミュニケーションを深めることを心掛ける。

例えば作家の江戸川乱歩はコピー機のない時代に、自分の手紙をカーボン紙で複写して保存していたという。彼は自分が書いた手紙が相手の返事にどのような影響を与えたのかについて、細かく分析しながら、推理小説を執筆していた。江戸川乱歩のように「感情」を「メディア」として成立している日常のコミュニケーションに意識的になることが、自らがかかわるコミュニケーションについて、その構造から理解する上で重要である。

手紙には、そのときどきの感情によって書く手紙と、冷たい実用的な手紙とがあり、困ったことに、人がお手本をほしがるのは、この後者のほうなのです。〈中略〉

手紙を書くときには、相手はまったくこちらに関心がない、という前提で書きはじめなければいけません。これがいちばん大切なところです。

世の中を知る、ということは、他人は決して他人に深い関心を持ちえない、もし持ち得るとすれば自分の利害にからんだ時だけだ、というニガいニガい哲学を、腹の底からよく知ることです。

もちろん、この利害という言葉には、お金だけがからまっているわけではない。名誉もあろうし、性欲もあろう。それにしても、手紙の受け取り人

が、受け取った手紙を重要視する理由は、

　一、大金

　二、名誉

　三、性欲

　四、感情

　以外には、一つもないと考えてよろしい。このうち、第三まではっきりしているが、第四は内容がひろい。感情というからには喜怒哀楽すべて入っている。ユーモアも入っている。打算でない手紙で、人の心をうつものは、すべて四に入ります。〈中略〉

　世の中の人間は、みんな自分勝手の目的へ向かって邁進しており、他人に関心を持つのはよほど例外的だ、とわかったときに、はじめてあなたの書く手紙にはいきいきとした力がそなわり、人の心をゆすぶる手紙が書けるようになるのです。

（「作者から読者への手紙」より pp.215-221）

ポイント

・「感情」をメディアとした言語表現を豊かにするためには、洗練された「感情表現」が多く含まれる文学作品を参考にするとよい。日常生活の中で他人の「感情」の表現に着目し、自らの「感情」を意識的に言葉に置き換えるトレーニングを積むこと。文学作品の読解を通した心情や心象の理解も重要である。

演習2

喜怒哀楽のいずれかの「感情」を媒介（メディア）としたコミュニケーションについて、これまでの自分の経験を踏まえて、成功例と失敗例の双方を各400字で記すこと。なお成功例と失敗例の双方に13文字以内で見出しを付けること。

見出し _____
成功例メモ _____
_____
_____
_____

見出し _____
失敗例メモ _____
_____
_____
_____

演習3

仕事でお世話になっている目上の人から食事に誘われたが、その人と仕事以外の場ではあまり関わりたくない。しかしその人との仕事上の付き合いは大事にしたいので、相手の気分をできるだけ害することなく、婉曲的に断りたい。以上のような「込み入った感情」を伝える手紙もしくはメールの文面を、600字で記すこと。

（解答メモ）_____
_____
_____
_____
_____
_____

演習4

『三島由紀夫レター教室』の内容について、要約を400字で作成し、その魅力を伝えるキャッチコピー（主文13文字、副文20文字×2）を作成すること。

キャッチコピーの文例
主文　心に刺さるメールを書く！
副文1　あの三島由紀夫が紡ぎ出す名文例の数々
副文2　幻の名著に学ぶコミュニケーション術

要約

演習5

『三島由紀夫レター教室』の内容を踏まえて、「コミュニケーション能力を高める」ために自分にどのような文章表現が必要か、「たとえ」「付き合い」「感情」の3つのキーワードを使用して、600字でまとめること。

（解答メモ）

第4回、5回のまとめ

1　短いサイクルのコミュニケーションに適した文章表現と、長いサイクルのコミュニケーションに適した文章表現があることを理解し、それぞれの使い分けを心掛けること。

2　見ず知らずの相手の関心をひくための「感情」の表現について想像をめぐらせることが重要。たとえを上手く用いて、文章のひと工夫、ひと創造を心掛けるとよい。「感情を創造する」ことは嘘をつくことではなく、自己の感情を相手に細やかに伝えるために、表現を工夫することを意味する。

3　同じ意味内容を伝える場合でも、言葉遣いひとつで相手の感情の動きが変わることに意識的になること。相手とのコミュニケーションを密にするような「感情」の創造の仕方について考えを深めるとよい。

4　「感情」は生のまま伝えるのがよいとは限らない。料理で使う食材のように、時に寝かせ、熟成させ、発酵させた方がよい場合もある。ただ発酵させすぎた「感情」は、惜しまずに捨てることも大事である。

第6回

メールの文章表現と基本的な敬語の使い方

この回の目標

葉書・手紙・メールを用いたコミュニケーションの特徴について理解し、どの状況でどのメディアを選択すべきかわかるようにする。基本的な敬語のルールについて学び、丁寧語や尊敬語、謙譲語を使った言語表現に慣れ、一般的なビジネス・メールの書き方を身に付ける。

授業の問い

人間関係が相対的にフラット化している現代でも、丁寧語や尊敬語、謙譲語を使った言語表現は、コミュニケーションを豊かにする上で重要ではないだろうか？

はじめに

手紙・葉書・メールを「メディア」としたコミュニケーションの違いについて考える。また丁寧語や尊敬語、謙譲語についても使える言葉として理解し、一般社会で通用する文章表現を身に付ける。

老若男女を問わず、現代ではSNS上のコミュニケーションが一般化しているが、この回はWeb上の文章表現とは異なる文章表現について学ぶ。特に就職活動やインターンなどで必要になるビジネス・メールの基本的な書き方を身に付ける。

Lesson 1

葉書・手紙・メールの特徴

葉書と手紙を用いたコミュニケーションの違いを理解すること。
それぞれの主な違いは次の通りである。

・相手に感情の負担をかけるような用件を伝達する場合は、メールや葉

書よりも手紙の方が向いている。

・目上の人に重要な用件を伝える場合には、急ぎの用件でなければ、手紙に文章を記して封筒に入れて送付する方法が望ましい。

・季節のあいさつ、祝い事、案内状、近況報告、礼状は葉書で出すのが一般的である。

・葉書は文章の中身を郵便局員など他人に見られる可能性があることに留意する。このため、葉書は親しい人同士のコミュニケーションや簡単な要件を伝える場合に用いるのが一般的。

・今日の事情に照らし合わせれば、メールで出す内容は、葉書で出しても差し支えない。

ポイント

・葉書で礼状を出せば、手許に肉筆の文章が残るため、お礼の気持ちが相手に長く伝わる可能性もある。

・相手に感情の負担を強いるような内容を伝達する場合は、メールや葉書よりは手紙の方が向いている。メールやSNS上のやりとりで深刻な内容を伝達すると、短文の軽い要件のやり取りに慣れている人は、その感情を受け止められない可能性が高い。

演習1
葉書や手紙、メールでコミュニケーションをとった方がよいと考える

要件や内容、状況について、具体的な場面を各3つ挙げ、その理由について各100字で簡潔に記すこと。

葉書が適切な場面1／理由
(解答メモ)

葉書が適切な場面2／理由
(解答メモ)

葉書が適切な場面3／理由
(解答メモ)

手紙が適切な場面1／理由
(解答メモ)

手紙が適切な場面2／理由
(解答メモ)

手紙が適切な場面3／理由
(解答メモ)

メールが適切な場面1／理由
(解答メモ)

メールが適切な場面2／理由
(解答メモ)

メールが適切な場面3／理由

(解答メモ)

Lesson 2
丁寧語の基本

　丁寧語とは、目の前の人に対して、自分の行為の丁重さを伝えるシンプルな敬語である。

　狭い意味での丁寧語は、以下の動詞の5種類（とその変化型）を主としたものである。昔の国語教育では「参る」や「申す」、「存じる」などは謙譲語の代表として教えられていたが、現代では丁寧語に分類されることも多い。

基本形→丁寧語

行く、来る→参る

言う→申す

する→いたす

いる→おる

思う、知る→存じる

　広い意味での丁寧語には、「です、ます」調の言葉遣いや、ご挨拶、お仕事といった「ご、お」の使い方も含まれる。

　また相手の会社を「御社」、今日のことを「本日」、以前のことを「先日」、伝言を「お言付け」と呼ぶなど、不規則に変化する丁寧語も存在する。

ポイント

・丁寧語に明確な定義があるわけではない。普通の表現より丁寧な言い回しはすべて広い意味の丁寧語に含まれる。

・敬語には、礼儀正しい所作に基づく「態度の敬語」も含まれるため、言葉遣いだけがすべてではない。態度の敬語については、様々な考え方があるので、自分に適したものを日常生活に取り入れるとよい。

演習2
下記の悪文について、丁寧語を使った文章に修正すること。
※解答はこの回の一番最後に記載

悪文1：会長が言ったことが正しかった。
修正文：

悪文2：そっちに座っているのが、小川三四郎です
修正文：

悪文3：今日の雑務は僕がやってみます。
修正文：

悪文4：前の我が社の担当は、長井代助さんでした。
修正文：

悪文5：待望の子供が生まれてご両親も嬉しいことでしょうね。
修正文：

Lesson 3

尊敬語の基本

　尊敬語は、相手を自分より高めることで、相手を敬う気持ちを伝える言葉である。謙譲語は、自分がへりくだることで、相手を敬う気持ちを伝える言葉である。

　敬意を示すべき人の所有物や、行為や状態を指す言葉に「お」や「ご」を付けることで、尊敬の意味を表すことができる。「お」は和語、「ご」は漢語につけるのが一般的だが、行為や状態の場合は、どちらも用いる。

例　お顔、お車、お写真、お見積もり、お足元、ご意見、ご住所、ご家族、ご出張、ご著書など。

　敬意を示すべき人の動作を表す言葉に「お〜になる」や「ご〜になる」といった言葉を付けることで、尊敬の意を表現することができる。

例　お話になる、お召し上がりになる、お持ち帰りになる、ご覧になる、ご搭乗になる、ご帰宅になる、ご退職になるなど。

謙譲語の基本

　敬語の区分にはあいまいな部分も多く、尊敬語や丁寧語の「お」や「ご」を用いた表現も謙譲語に分類されることもある。
　ただ一般社会では、自らがへりくだることで、相手を高める表現は謙譲語であるという考え方が根強い。

例　拙文、拙者、弊社、粗食、手前ども、拝借する、申し上げるなど。

尊敬語と謙譲語に区分される動詞は、使用頻度が高いので覚えておくこと。

普通語→尊敬語／謙譲語

言う→おっしゃる／申す・申し上げる

いる→いらっしゃる／おる

行く→おいでになる（いらっしゃる、お越しになる等も可）／参る・伺う

来る→お越しになる（いらっしゃる、おいでになる等も可）／伺う・参る

見る→ご覧になる／拝見する

知っている→ご存じである／存じる・存じ上げる

する→なさる／いたす

食べる→召し上がる／頂く・頂戴する

聞く→お聞きになる／伺う

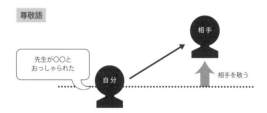

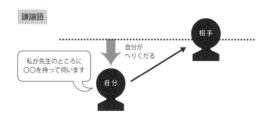

ポイント

・敬語（丁寧語、尊敬語、謙譲語）の区分には曖昧な部分が多いので、難しく考え過ぎず、一括りに敬語として理解するとよい。使用頻度の高い表現を覚えておくことが重要。

・敬語を用いた言語表現を通して「あなたのことを大事な人だと思っていますよ」という気持ちを礼儀正しく伝えることができる。また誰が読んでも問題の生じにくい無難な文章を表現することができる。

・敬語を使うことで、あまり深く関わりたくない相手に距離を感じさせることもできる。「タメ語」ばかりを使っていると、人間関係の遠近を調整することが難しくなる。

・現代でも敬語は実用的な言語表現である。日本語以外の言葉にも敬語に類似した表現は数多く存在する。他国の敬語の事例についても調べてみて、自分に適したものを日常生活に取り入れてみよう。

・近年は外国人に対する日本語教育の基礎に敬語が据えられているため、日本で生まれ育った学生よりも敬語を上手く使える留学生を目にする機会も少なくない。

演習3
上記の説明を参考にして、丁寧語、尊敬語、謙譲語の3種類の敬語を使い、自分が生まれた町の魅力を紹介する文章を600字で作成すること。なお本文中には、「町の歴史」、「名所・旧跡」、「美味しい食べ物」、「お勧めする訪問時期」の4つの情報を含め、見出しの文章を主文13字、副文20字で作成すること。また自分で撮った町の写真を一枚添付すること。

添付写真の例　長崎港の風景（著者撮影）

見出し主文

見出し副文

町の歴史

名所・旧跡

美味しい食べ物

お勧めする訪問時期

（解答メモ）

Lesson 4

メールの基本的な形式

　葉書や手紙、ビジネス・メールは、件名、宛名、挨拶、結びの言葉など基本的な形式を踏まえて記すこと。葉書やビジネス・メールは、第三者に読まれても、差し障りのない文章になるよう心掛ける。

　メールやSNS上の文章は、容易に転送・拡散されやすいため、見ず知らずの他人に転送・拡散されても問題のない文章を記すように心掛けること。メールのデータは長期にわたって保存されるため、重要な文面は、時間が経って第三者に転送されても問題が生じることのない言葉遣いで作成すること。

件名の例　2020年採用人事の2次面接の御礼　かまくら大学　野中宗助

宛名の例　株式会社　草枕出版　人事総務部人事課　課長　前田那美様

挨拶の例
ご多忙の折、突然のメールにて失礼をいたします。
かまくら大学メディア学部の野中宗助と申します。
この度は2次面接の通過のご連絡を頂き、誠にありがとうございます。

〈本文〉

結びの言葉の例
今後ともよろしくお願い申し上げます。

　　　　　　　　　　　　　　　　　　　　　　　　　　　　敬具
〈差出人の所属・氏名・連絡先〉かまくら大学　野中宗助

・件名はできる限りメールを送付した理由がわかるようなタイトルにすること。「お願い」や「御礼」、「お世話になっています」といった他のメールと区別し難いタイトルを付すことは避けた方がよい。ビジネス・メールではタイトルに用件と所属・氏名を記すことも多い。

・就職先やインターン先、企業の担当者に対しては、ビジネス・メールの基本的な形式を踏まえたメールを送付すること。大学の先輩など親しい間柄の相手に対しても、相手が社会人である場合は、同様の文章を送付すること。

・返信の期限を設ける必要がある場合は、必ず具体的な日時を本文中に記すこと。

演習4

ビジネス・メールの例文を参考にして、失礼のないように、内定を辞退するメールを600字で記すこと。件名、宛名、挨拶、結びの言葉など、ビジネス・メールの基本的な形式を踏まえて記すこと。
なお辞退する会社名は、仮に「凹凸新聞社」、宛先は「人事教育部・人事課　田口千代子」とする。

件名
宛名
挨拶
結びの言葉
（解答メモ）

演習2の答え

1　会長が私におっしゃっていたことが正しかった。
2　そちらに座っていらっしゃるのが、小川三四郎さんです。
3　本日の雑務は私が担当いたします。
4　以前の弊社の担当は、長井代助でした。
5　待望のお子さんが生まれて、ご両親もさぞやお喜びのことと存じます。

第7回

葉書を用いた礼状・近況報告の書き方と明瞭な文章の書き方

この回の目標
　一般的な葉書、手紙の書き方を身に付け、恩人へ近況を伝える葉書を作成する。お世話になった人に対して緊張感を持って言葉を綴ることで、肉筆を用いたコミュニケーションの重要性を体感的に学ぶ。

授業の問い
　メールやSNS上のコミュニケーションが一般化した現代でも、肉筆の葉書を用いたコミュニケーションは、相手との関係をよいものにする上で、重要ではないだろうか？

はじめに
　この回は恩人へ近況を伝える葉書を作成し、これにより肉筆を用いたコミュニケーションとメールやSNSを用いたコミュニケーションが異なることについて、理解を深める。演習課題を通して、「たとえ」を用いたユーモラスな文章表現に取り組む。

Lesson 1
明瞭な文章の基本
　明瞭な文章を記すには、主語と述語の関係をはっきりと記すことが重要である。特に文章が長くなる場合に主語と述語の関係が適切に対応しているか、文章を書いた後で再確認をするように心掛ける。

ポイント
・文章のつじつまが合うように主語・述語の記述に注意する。「こと」を意識して使用することに慣れる。

・文の前半で「～なのは」、「～な点は」という言葉を使う場合は、その

内容について「〜のこと」、「〜ということ」という表現で受けるように意識するとよい。

・主語と述語の関係を明確に記し、能動と受動の文章表現を間違えないように注意することも重要である。

・何を目的として何をした、このようにしたため、このような結果になったという目的と行動、試行と結果の関係を明確に記すように心掛けること。

演習1
主語と述語の関係を明確にするために、次の悪文を修正すること。
※解答はこの回の最後に記載

悪文1：齋藤君が得意な科目は、英語の発音が上手いです。
修正文：

悪文2：シンガポールに交換留学していたときの連絡は、高校の同級生の中で夏目君たった一人だった。
修正文：

悪文3：アメリカを車で旅行したことは、これまでの見識の狭さを克服できた。
修正文：

悪文4：社会人になって最初にやりたいことは、自分の給料で車を買ってドライブしてみたい。
修正文：

悪文5：私は新入社員として、部長のところに意見した。
修正文：

悪文6：その国際会議のメンバーは、まだ次の議長を選出されていない。
修正文：

悪文7：このWeb上の書き込みによって、被害者の個人情報を不当に曝しており、プライバシーが侵害されている。
修正文：

悪文8：通勤電車で英単語の暗記を行うことにより、学習効果の最大化とも言えます。
修正文：

演習2

5W1H（Who What When Where Why How）のすべてを文章に織り込んで、自分の悩みを相手に伝える文章を600字で記すこと。なお誰に向けた文章であるかわかるように、宛先を冒頭に明記すること。

宛先	
Who	
What	
When	
Where	
Why	
How	

(解答メモ)

Lesson 2

たとえの効果

　日本語でユーモアを交えた文章を書く場合、自己を卑下するようなネガティブな内容を記す傾向が生じやすいので注意する。

　後の回で詳述するように、日本語の形容詞には外来語が多いため、日本語の話者の多くは何かを形容することに不慣れである。たとえ話の多い故事成語やことわざにも、外来のものが多く含まれている。日本語で何かを形容するときには、その表現を工夫するように心掛けるとよい。

ポイント

・『三島由紀夫レター教室』で学んだように、何かを形容する時に、ユーモラスな「たとえ」を効果的に使うと、言語表現が生き生きとしたものになる。

・形式通りの挨拶が並ぶ文章は、礼儀正しい反面、ダイレクトメールなど、商用の葉書や手紙と大差がなく、相手との関係を密にすることに繋がりにくい。葉書や手紙を書く際には、形式に沿った挨拶と、オリジナリティの高い表現を両立させた文章を書くことが重要である。

演習3

現在、最も関心を持って取り組んでいることについて、「たとえ」を交えながら、葉書で伝達する文章を300字で作成すること。ネガティブなたとえではなく、ポジティブなたとえを用いるように心掛けること。なお文章を誰に宛てて記すのかについても冒頭に明記すること。

例文

　井上狐堂様（高校3年次の担任の先生）

拝啓　早春の候、先生におかれましては、お変わりなくお過ごしでしょうか。極東第二高校の3年次に大変お世話になりました小川三四郎です。私は貴学を卒業した後に、極東大学メディア学部に進学し、当初は水を得た魚のように、自由な生活を送っておりました。しかし成績優秀な恋人が出来てからは、将来は地方公務員になり、郷里の長崎で地に足の着いた生活を送りたいと考えるようになりました。現在は修行僧のように早起きして机に向かい、滝に打たれるような思いで、公務員試験の勉強に励んでおります。

　至らない点が多々あるかと存じますが、今後ともご指導ご鞭撻のほど、よろしくお願い申し上げます。寒い日が続きますが、ご自愛下さいませ。

　　　　　　　　　　　　　　　　　　　　　　　　　敬具（297文字）

宛先

ポジティブなたとえ

メモ

（解答メモ）

Lesson 3
葉書を用いたコミュニケーションの特徴

　お世話になった人と長期的なコミュニケーションを密にするために、葉書を用いて礼儀正しい書き言葉で近況報告を行うとよい。

　実家のある町で働くなど、コミュニティと結び付いた仕事に就くことを検討している場合は、高校時代にお世話になった先生など、その地域と関係の深い人に、適切な敬語を用いて挨拶や礼状を肉筆の葉書や手紙で出しておくとよい。出身地との繋がりが深まり、その後の人間関係が広がる可能性がある。葉書や手紙を書く際には話し言葉を、書き言葉に直して記すように心掛けること。

話し言葉→書き言葉　例

僕、わたし→わたくし

相手の学校→貴学

そっち→そちら

この前→先日

とても・すごく→たいへん

ポイント

・メールやSNS上のメッセージは、一度読むと読み返さない場合が多いが、肉筆の葉書や手紙については手許に取っておく人が多い。メールやSNS上でのやりとりが一般化した現代では、肉筆の葉書の価値が高まっていると考えることもできる。

・近年では葉書や手紙を送る人が少ないから、葉書や手紙で礼状などを出すと、「若いのに礼儀作法がしっかりしている」と、年配者によい印象を与えることができる可能性もある。

演習4

以下で説明する葉書の書き方のルールに則して、お世話になった「目上の人」に対して、丁寧語・尊敬語・謙譲語の三つの敬語を用いてお礼を述べること。その上で、「たとえ」を用いて近況を伝え、長期的な関係をよい形で構築するための文章を300字で作成すること。

演習4のルール

・ユーモアがあり、第三者から見ても適切な「たとえ」を使用すること
・漢字の間違えがないように、辞書を引き正確な漢字を記すこと。
・縦書きで、指定の文字数・行数を守り、自らが書ける最良の字で、バランス良く文字を書き込むこと。
・書式は、25文字×12行＝300文字と後付け2行の計14行で記すこと。葉書の文章としては文字数が多いため、バランスのよい文字の大きさで全文を記すこと。
・頭語については、下記を参考にして前文の前に付けること。(「拝啓」もしくは「前略」を使うのが一般的。)
・結語は末文の最後に付けること。(「敬具」を使うのが一般的。)
・前文は季節によって表現が異なるので、季節にあった表現を調べて記すこと。(凝った表現を長々と書きすぎると堅苦しい文章になるので、簡潔な表現を選ぶ方がよい。)
・本文の下書きを書いたら第三者のチェックを経て、同じ文面を葉書に清書すること。

頭語の例

ふつうの手紙／一筆申し上げます　拝啓　拝呈
改まった手紙／謹んで申し上げます　謹啓　謹呈　恭啓

前文を省略する場合／前文をお許しください　前略ごめんください
前略　冠省　略啓
急用の手紙／とり急ぎ申し上げます　急啓　急呈　急白
返信の手紙／お手紙拝見しました　拝復　復啓　謹復
重ねて出す場合／たびたび失礼ながら　重ねて申し上げます　再啓
再呈　追啓
初めて出す場合／初めてお手紙さしあげます　拝啓　啓白　拝白

前文の例 （季節の挨拶以外の箇所は、他の月でも使用可能）

1月　新年を迎え、新たな気分でお過ごしのことと存じます。
2月　梅香匂う頃、お変わりなくお過ごしのことと存じます。
3月　早春の候、ご清祥のこととお喜び申し上げます。
4月　桜花匂う頃、気持ち新たにご活躍のことと存じます。
5月　薫風の候、お健やかにお過ごしのことと存じます。
6月　入梅の候、皆さまお元気でお過ごしでしょうか。
7月　盛夏の候、夏バテしてはいらっしゃいませんか。
8月　残暑厳しき頃、暑さにめげずご活躍のことと存じます。
9月　初秋の候、ますますのご活躍のことと存じます。
10月　紅葉の頃、新天地でご多忙の中、ご清栄のことと存じます。
11月　晩秋の候、寒い日が続きますが、お風邪など召されていませんか。
12月　師走の候、本年も大変お世話になりました。

結語の例

ふつうの手紙／敬具　ごめんくださいませ　拝具　敬白
改まった手紙／敬具　かしこ（女性用）　頓首　謹白

前文を省略する場合／かしこ（女性用）　草々　早々　不一
急用の手紙／ごめんくださいませ　さようなら　敬具　草々
返信の手紙／お返事まで　かしこ（女性用）　敬具　拝具　敬白
重ねて出す場合／ごめんくださいませ　さようなら　敬具　敬白　拝具
初めて出す場合／敬具　かしこ（女性用）　敬白　拝具

＊結語に「かしこ」を用いる場合、頭語は用いないこと

例文

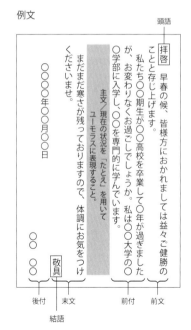

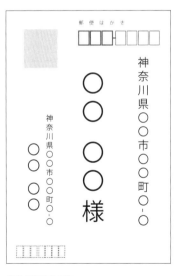

葉書の書き方の例

(解答メモ)

演習1の解答例

修正文1
齋藤君は英語が得意で、発音も上手です。
齋藤くんの得意科目は英語で、上手く発音できます。

修正文2
シンガポールに交換留学で滞在していたときに連絡をとっていたのは、高校の同級生の中では夏目君たった一人だけだった。

修正文3（解答例2つ）
私はアメリカを車で旅行したことによって、自分の見識を拡げることができた。
アメリカを車で旅行した経験は、自分の見識を拡げる機会になった。

修正文4
社会人になって最初にやりたいことは、自分の給料で車を買ってドライブをすることだった。

修正文5
私は新入社員であったが、部長に意見をした。

修正文6（解答例2つ）
その国際会議のメンバーは、まだ次の議長を選出していない。
その国際会議では、まだ次の議長が選出されていない。

修正文7
このWeb上の書き込みは、被害者の個人情報を不当に曝し、プライバシーを侵害している。

修正文8
通勤電車で英単語を暗記することで、学習効果を最大化することができます。

第8回

起承転結の文章の構成と原稿用紙の使い方

この回の目標
　原稿用紙の使い方の基本を身に付け、文章を論理的に展開するために、起承転結の構成を意識した文章の書き方を理解する。❶問題提起、❷論拠や経験に基づく具体的な論の展開、❸別の論拠や経験に基づいた反証、❹コンパクトな結論の4点をを明示する文章の書き方について理解を深める。

授業の問い
　起承転結の構成で文章を書くことの重要性は、一般によく指摘されている。しかし高等教育らしい文章演習の例題を通して、起承転結の構成で文章を書くトレーニングは十分に行われているだろうか？

はじめに
　近年では小論文を入学試験に課す大学や高校が増加傾向にある。しかし「小さな論を立てる」ための文章の構成の仕方は十分に教えられているとはいいがたい。この回は起承転結の構成を意識した「小論文」の書き方を学び、意見を効果的に伝達するための文章表現について理解を深める。「小論文」を書く上で重要な点は、文章の設計図（起承転結の構成）を固めた上で、情報収集を行い、自論を展開する上で、その情報を過不足なく圧縮して、記すことにある。問題提起が曖昧で、論拠が十分に示されておらず、反証がなく、主観的な意見ばかりで、結論があやふやな文章を書かないように、起承転結に即した文章の書き方を身に付ける。

Lesson 1
原稿用紙を用いた文章表現のルール
　原稿用紙の使い方のルールは様々存在するが、一般的なルールを身

に付けることが重要である。

・題名は2マスか3マスあけること。苗字と名前の間も1マスあける。書き出しや、段落の書きはじめも1マスあける。

・「かっこ」で記された会話文は、基本的に改行して記すこと。会話文が2行以上にわたるときは、行のはじめを1マス空けるのが一般的。句点は、かっこの中に入れる。

・句読点を行のはじめに書かない。句読点やかっこが行のはじめにくる時は、前の行の最後のマスの中か下に書くこと。「っ、ゃ、ゅ、ょ」といった促音や拗音も同じように、前の行のマスの下に書くのが一般的。

・「！」や「？」の後は1マスあける。なお「！」は「感嘆符」もしくは「エクスクラメーション・マーク（exclamation mark）と呼ぶ。Exclamationは「感嘆」の意味。「？」は「疑問符」もしくは「クエスチョン・マーク」が正式名称。基本的には「！」や「？」は、日本語の作文では文章の問題提起を明確にするなど、必要なところでのみ使用する。

・「――（ダッシュ）」や「……（3点リーダー）」は2つ続けて使用するのが一般的。ライトノベルなどの小説や漫画の吹き出しではよく使われるが、レポートでは基本的には使用しない。

ポイント

・上記の原稿用紙の書き方は、実際に原稿用紙を埋めながら理解を深め、ルールとして身に付けること。

原稿用紙の使用例

・小論文等の原稿用紙（マス目）を用いた試験では原稿用紙の使い方が間違っていると、多く場合、減点になるので注意すること。

・文体は「だ、である」調で記し、話し言葉でしか用いられないような言葉は使用しないこと。

・漢字の間違いに気を付けること。漢字の読み書き能力は大学生や社会人の間で大きな差があるため、読めない漢字を見つける度に辞書を引いて調べる習慣を身に付けること。漢字の読み書きが苦手な人は、自分の難易度にあった問題集を購入して練習するとよい。

演習1
下の原稿用紙を縦書きで使用し、540〜600字の分量で、「これまで学

校の先生に指導を受けて印象に残ったこと」というテーマで、文章を記すこと。なお文章中には会話文を2行以上入れ、句読点もしくは「っ、ゃ、ゅ、ょ」を行の最後に2カ所入れること。また感嘆符と疑問符、「──」や「……」についてもいずれか2つを使用した上で、13文字以内で他人が関心を持つようなタイトルを付し、「だ、である」調で文章を記すこと。

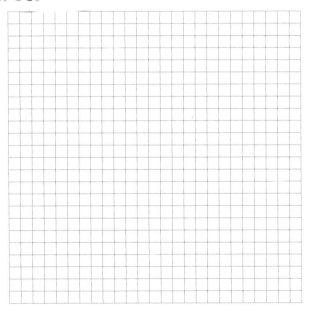

演習2

「学校の授業で最も関心を持ったこと」について10分間のインタビューを友人に行うこと。話し言葉を書き言葉に修正し、相手が話した内容をわかりやすく再構成して、原稿用紙を縦書きで使用し、「だ、である」調で540〜600字の文章にまとめること。なお文章には13文字以内で人目を引くようなタイトルを付すこと。

Lesson 2

起承転結の文章基本

　起承転結の構成を意識した文章を書くことが、よい文章を書く近道である。すべての文章を起承転結の構成に合わせる必要はないが、起承転結を意識した上で論を展開することは、明瞭に自己の考えを他人に伝える上で重要である。

　文章を書く上で第一に意識するべきは、文章の明瞭な構成であると私は考える。起承転結の構成を意識すると、文章の論旨が明瞭になるだけではなく、書き手の思考も整理される。文章を書く前に、起承転結に沿って大まかな構成のメモを作成した上で書き出すように心掛けるとよい。思い付きで書きはじめるのではなく、メモで記した上で、文章を

書きはじめる習慣を身に付けること。

　入学試験、就職に関連する問題の場合は、志望する業種・団体・分野等で重要視されているキーワードを使って論を展開すると、文章に具体性が出てよい。起承転結の四つのパートが持つ役割は、以下のように簡潔にまとめることができる。

起　問題提起

承　論拠となる具体事例や自己の経験に基づく持論

転　「承」の具体事例や持論の反証

結　反証を踏まえて展開したコンパクトな結論

1　起について

文章の「頭」に相当する部分。その後の文章の良し悪しを左右する重要な起点である。小論文を書くときは、序盤で問題提起を明確に行うことが、論旨を明瞭にする上で重要である。参考資料を用いて論を展開する場合は、その資料の要点を簡潔に参照した上で、問題提起を行うように心掛けること。

2　承について

文章の「体（正面）」に相当する部分。文章の骨格を作り、肉付けの中心となる論拠を提示する箇所で、文章の大半を占める。

問題提起に関わる具体事例をevidence（論拠）として示し、とりあえずの持論を展開する。事例を列挙するだけではなく、自己の考えや経験を示し、書籍やニュースなどで学んだ他人の意見を紹介しながら、説得力のある論を展開するように心掛ける。

冒頭で示した問題に対して、論を深めるための事例や経験、考え方など

を適切に引き出すことができるかが、文章の「体(正面)」をしっかりと築くための鍵となる。

3 転について

文章の「体(背面)」に相当する部分。文章の中心となる論拠を別の視点から検証することで、論の全体を立体的で、奥行きのあるものに仕上げる。「承」の部分とは異なる事例や経験を挙げながら、「承」の部分で展開した論の問題点について「反証」を行う。「しかし〜、ただ」で始まるような段落で、論の全体を引き締め、論拠を固める効果を有する。

「反証」は弁証法的に論を構成する場合、不可欠な部分である。自然科学で言う反証のように、「承」の部分を全否定する必要はない。「転」の部分では別の視点や考え方を提示することが重要である。

「承」の部分で示した論拠がしっかりしていれば、必ずしも反証を行わなくてもよい。「承」の部分で示した論拠を、別の視点から相対化して検証することが重要である。

4 結について

文章の「両足」に相当する部分。地に足の着いた結論を導くことを心掛けること。言葉遊びのような宙に浮いた結論を導かないこと。

大胆な結論を導くというよりは、短くてもいいので、反証をもとに持論を展開した内容を結論として明確に示すことが重要である。

文章に作成時間の制限がある場合、時間が足りないと結論が示せず、試験の場合は、大きな減点となる。余裕をもって結論を導くことができるように、文章を書く時間を管理すること。

文章を書くことに慣れれば、必ずしも起承転結の構成に準じて書く必要

はないが、問題提起と結論を明確に示すことは重要である。結論は短くてもいいので、最後まで書き切ること。

起承転結の文章例

　下の文章は村上春樹著の『1Q84』の書評として、著者が西日本新聞朝刊に寄稿した原稿である。文章は起承転結の繰り返しで構成している。内容は作品について論じた文芸批評というよりは、『1Q84』が「社会現象」と言えるほど売れた理由について考察した文芸メディア論である。各段落が起承転結のどれに該当するのか着目しながら、文章を読み、起承転結の構成で文章を書く一例として参考にすること。

参考文
酒井信　村上春樹著『1Q84』書評「平成日本、ルーツの旅」
西日本新聞朝刊　2009年7月6日　p.9　文化欄に掲載

　なぜこの小説は「事件」として報道されるほど売れたのだろうか？　これまでも村上春樹の本は他の純文学の作家と比べものにならないほど売れてきたわけだが、発売から二週間足らずで百万部を超え、品切れの書店が続出するほどのブームは初めてだという。村上春樹の作品としては、単行本の上下巻で四百万部以上を売り上げた『ノルウェイの森』(一九八七年)以来の大ブームである。インターネットにDVD、ゲームなどもある時代に、上下巻で千ページを超える文学作品が、中高年から若い世代まで飛ぶように売れているのだから、「活字離れ」などどこ吹く風である。

　この本が売れた理由として、概ね次の二つの理由が挙げられている。一つは、事前に小説の内容が一切明かされなかったことが読者の購買意欲を誘ったという「無宣伝効果説」。もう一つは、ここ数年来、ノーベル賞の候

補に数えられ、フランツ・カフカ賞やエルサレム賞を受賞したことが評価を高めたという「逆輸入効果説」。確かに、どちらも正しいと思う。村上春樹のように海外でも評価の高い作家が、これだけ分厚い著作を無宣伝で出せば、「何だろう」と気になって自分の目で確かめたくなる。

　ただ発売から二週間足らずで百万部を超える売上を記録するには、これらの理由だけでは不十分だと思うのである。私はこの本がベストセラーとなった背景には、第三の理由があると考えている。具体的に言えば、この本のタイトルが表わす一九八四年という年号が、無意識的に、たくさんの読者をひきつけたのではないかと私は考えている。この本のタイトルはジョージ・オーウェルの小説の『一九八四』をもじったものであるが、この小説の内容を思い浮かべながら『1Q84』を購入した人は少ないだろう。そもそもオーウェルの小説が書かれたのは一九四八年であり、この小説は半世紀ほど先の未来を舞台にした広義のSF小説であった。これとは対照的に村上春樹の『1Q84』は、ちょうど四半世紀前の近過去を舞台にした「歴史小説」なのである。

　もちろんこの小説を読んでも、池波正太郎や司馬遼太郎の作品のような「歴史小説」という感じは全くしない。「歴史」を感じる箇所(かしょ)があるとすれば、電話をするのに十円玉が必要だったり、JRが国鉄だったり、ヤマギシ会やオウム真理教に似た団体が登場するなど描写のディテールである。ディテールだからこそ、若い世代も「レトロ」なものとしてこの「歴史小説」をすんなりと受け入れられるのであろう。試みに、この本を読んだ大学生に感想を聞いてみたところ、多くが「同時代の小説のような感じがした」と答えていた。だとすれば、なぜ村上春樹はこの小説を「同時代の小説」であるかのように書き、なぜ一九八四年にこの世に生を受けていない学生たちは、この小説を「同時代の小説」のように感じたのだろうか？

　一九八四年と言えば、バブル経済の起点となった一九八五年の前の年である。八五年にはプラザ合意が行われ、円高ドル安が進んでバブル経済が

起こる。そして地価や株価が実態からかけ離れた値段で取引されるようになり、全国津々浦々で土地開発が進み、日本の風景はコンビニエントでデオドラントなものへと変わっていく。その後、不良債権処理や公共事業による景気回復策に失敗して、平成不況は長引き、国と地方の借金の累積、医療保健費の削減、非正規雇用の一般化など、今日の日本に「ツケ」として回ってくる問題が生じていくのである。

　もちろん若い読者はこのような変化を、同時代に体感してきたわけではない。ただ彼らは、現代の日本が抱えている問題のルーツが、バブル経済がはじまった一九八五年前後にあることを、無意識的に理解しているように思う。そして若い世代に限らず、現代の日本に住む多くの人たちが、心のどこかで次のように感じているように思う。今日の日本が直面している問題の多くは、一九八四年に戻れば「リセット」できるのではないか、と。

　一見すると今回の『1Q84』のブームは、『となりのトトロ』や「昭和30年代」の「レトロブーム」と似ている。どちらのブームも、中高年だけではなく、その時代を全く知らない若い世代が「懐かしい」と感じて、ブームを持続させたものであった。ただ、一九八四年はただ「懐かしい」だけではなく、現代に通じる問題を孕(はら)んでいるため、妙に「生々しい」。

　一九八四年とはどのような時代であり、『1Q84』という「歴史小説」には、どのような「生々しい問題」が孕まれているのだろうか？　今回の作品で「平成の国民作家」となった村上春樹のガイドで、「平成日本、ルーツの旅」へと出発して、旅先でじっくりと考えてほしい。(1899文字)

演習3
上記の各段落を、「起承転結」のいずれかに分類し、各段落の左右どちらかに「起」・「承」・「転」・「結」のいずれかの漢字を記すこと。

演習4

上記の文章を参考にして、平成30年間で「社会現象」と言える人気を集めた書籍・音楽・映画・ゲーム等の作品をひとつ挙げ、なぜその作品がヒットしたのかについて、社会的な背景を踏まえ、論拠を明示した上で1800〜2000字で分析した内容を記すこと。なお文章は、起承転結の繰り返しで構成すること。

ヒットした作品名

ヒットした社会背景

論点の提起

論拠の提示

反証の提示

なぜヒットしたのか、結論

(解答メモ)

第9回

志望理由書・自己PR文の書き方と論文・レポートの形式

この回の目標

　文章の形式上のルールについて理解し、学術論文やレポートの書き方、注釈の付し方や自己紹介文、志望理由書を記す上で留意するべきポイントについて学ぶ。また学術論文から志望理由書まで、文章を書く前段階で、文章の良し悪しを左右する情報収集の重要性についても理解を深める。

授業の問い

　文章の形式については初等教育から教えられているが、学術論文やレポートの書き方については、高等教育においても、未だに十分な指導がなされているとは言えないのではないだろうか？

はじめに

　形式を遵守した文章表現は、文章をメディアとしたコミュニケーションの基本である。メールのやりとりやSNS上のコミュニケーションが一般化した現代においても、論拠を示した上で、自己の意見を明確に述べることの重要性は変わらない。「神は細部に宿る」という言葉のとおり、文章は枝葉末節の表現が重要であるが、文章の形式を理解することも同様に重要である。

　卒業論文を書いたり、就職活動や大学院の入試等で必要とされる志望理由書を書く際には、念頭に置くべき文章表現の形式やコツがある。この回は志望理由書の書き方や、論文・レポートを書く上で必要とされる引用の仕方、注釈の付し方など、アカデミックな文章表現の基本的な形式とポイントについて学ぶ。

Lesson 1

学術論文・レポートの書き方

　学術論文の形式は、学問分野や掲載誌の特性に応じて様々であるが、一般的なルールを身に付けることが重要である。

学術論文・レポートの書き方の基本的なルール

・大学で作成するレポートに形式が指定されていない場合は、MicrosoftのWord等の文書作成ソフトを使用し、明朝体を使用して10.5ポイントの大きさで記すのが一般的。

・A4サイズで一段組、横書きで、1ページあたり40字×36行（最大1440字）を目安としたレイアウト・文字数で記すのがお勧めである。

・表紙に特に指定がない場合は、1ページ目は表紙としてレポートの作成年月日、授業タイトル、課題名、レポートのタイトル、所属（学部・学科・専攻等）、学籍番号、氏名、メールアドレスを記載するとよい。

・文章は「です、ます」調ではなく、「だ、である」調に統一すること。

・一文の文章を引用する場合は、句点を「　」の中に入れないこと。会話文については句点を「 」の中に入れることもできる。

・算用数字やアルファベットは、横書きの場合は半角を使用するのが一般的である。縦書きの場合は、数字は漢数字を使用するのが一般的。熟語や成句、固有名詞など、言い方が決まっているもののみ漢数字で記すこと。
　例　一石二鳥、二子玉川

・書名は二重かっこ『』で記すのが一般的。論文名、記事名については普通のかっこ「」を使うのが一般的。

例　『吉田修一論　現代小説の風土と訛り』、「現代ブンガク風土記」

・論文の中に同じ人物が出てくる場合は、最初のみフルネーム。次からはファミリーネームのみを記すのが一般的。

・学術論文については、氏、先生、教授などの敬称は入れない。ただ大学等の教育機関で作成するレポートでは、先生や教授等の敬称を入れておいた方が、相手に読まれた時の印象が良くなるかも知れない。

・作成した文書にはページ番号を付し、左上をホチキスで綴じること。レポートを提出する時に、ホチキスで留めるのを忘れる人が多いが、提出したレポートがばらばらになると、未完成のレポートが提出されたと誤解される場合もある。

ポイント

・文章を発表する「場」に相応しい形式で文章を書く能力は、高等教育を受ける人々が身に付けるべき重要なメディア・リテラシーのひとつである。

・文章の形式が整っていれば、読み手によい印象を与えることができる。一般的な形式で、文章を作成することに早めに慣れておくこと。文章の形式が整えば、何を問題として意識し、何を根拠にして、どのような論を展開するのか、意識した上で文章を書くことが容易になる。

> 「メディア・リテラシー」中間課題
>
> 　　　　　　　担当教員：酒井信先生
>
>
> ### メディア・リテラシーを高めるための文章演習に関する考察
>
>
> 極東大学メディア学部リテラシー学科1年
>
> 学籍番号 A201902028
>
> 小川三四郎
>
> a201902028@media.kyoku-to.ac.jp

レポートの表紙の作成例

・原稿用紙やMicrosoft社のWordを用いた文章表現は、社会でも必要とされる重要なものである。基本的なソフトウェアの操作に慣れ、図や表の挿入や引用の仕方、レイアウトの変更方法についても理解を深めておくこと。

・レポートを作成したら、印刷して誤記や誤植がないかを確認すること。理想的には時間をおいて文章を再確認してから、提出するとよ

い。文章は時間をおいて数回見直し、修正を加えるだけで、大幅に読みやすくなる。

・改行を多くし過ぎないこと。文章の種類にもよるが、一般的な文章を中心としたレポートの場合、改行は多くとも1ページ（1300字程度の場合）に4カ所程度が目安である。

演習1
読売新聞・朝日新聞・毎日新聞・産経新聞の4つの新聞のWebサイトで配信されている「同じ日の同じニュース」について、その論調の違いを調べ、各新聞の報道にどのような特徴があるか、起承転結の構成で1300字程度のレポートを（A4で一枚で）記すこと。その際、上述の「学術論文・レポートの書き方」を遵守し、起承転結の構成で記すこと。具体的には、❶4つの新聞の報道内容を踏まえた問題提起、❷4つの新聞の報道内容の比較分析、❸❷の分析を別の視点から分析した内容、❹簡潔な結論の4点について、箇条書きでメモを作成した上で、レポートを記すこと。

❶問題提起
❷比較内容
❸別の視点からの分析
❹結論
（解答メモ）

Lesson 2

学術論文の注の付け方

　日本語の学術論文の注釈の付し方は、大きく分けて2つある。ひとつは、本文中に注釈番号を入れて章末に注釈を付すオーソドックスなスタイル。もうひとつは、文中に括弧を使い、著者名、出版年、ページ数などの基本情報を入れて、詳細を文末に記載する現代的なスタイル。双方の基本的な注釈のルールを理解しておくこと。

注釈の基本的なルール

・注釈について厳密なルールが定まっているわけではないが、一般的なルールは存在する。指導教員の指示や教育機関が指定するルールがある場合は、そのルールに従うこと。

・英語で人文科学や社会科学の論文を記す場合は、APA (The American Psychological Association　米国心理学会) やMLA (Modern Language Association of America　米国現代語学文学協会) が定めるルールに従うの

が一般的。

・注釈記号は、論文の中で引用をしたり、参考にした文献があるときに「注1」「(1)」「*1」といった記号を付して、出典を明らかにするために用いるのが一般的。

・オーソドックスな引用の方法では、本文中に注釈番号を入れた上で、巻末、章末に注釈を入れる。

・厳密には、ページの最後に付す注釈を「脚注」、論文の最後に付す注釈を「後注」と呼ぶ。

著書がひとりの場合
著者名（翻訳者がいる場合は記入）『書名』（文庫などシリーズ名がある場合は記入）、出版社名、出版年、引用ページの順で記すのが一般的。翻訳者やシリーズ名がない場合は、括弧の部分は不要。読点は、日本語の読点「、」で記す場合と、英語のcomma（カンマ）「,」で記す場合の双方がある。

例　酒井信『吉田修一論　現代小説の風土と訛り』、左右社、2018年、pp.1-336

共著もしくは分担執筆の著書の場合
共著者名（分担著者名）「共著（分担）執筆題名」、共著者名（編者名）『書名』（シリーズ名がある場合は記入）、出版社名、出版年、引用ページの順で記すのが一般的。複数の著者がいる場合は、代表的な著者の名前を記し「ほか」

もしくは「ほか何名」と記入すること。

例　酒井信「海外メディア報道と日本の情報公開　『歴史上成功した唯一の社会主義国家』の危機」、宮台真司、飯田哲也、津田大介ほか14名『IT時代の震災と核被害』、インプレスジャパン、2011年、pp.184-209

雑誌論文の場合
著者名「論文名」、発行機関名『雑誌名』(特集名)、巻・号、発行年、引用ページの順で記すのが一般的。雑誌の巻号がわからない場合は、国会図書館など大きな図書館のデータベースで該当する雑誌を検索するとよい。

例　酒井信「カズオ・イシグロの中の『長崎』」、文藝春秋『文學界』、第71巻12号、2017年、pp.145-163

Web上の文章の場合
著者名、サイトの運営を行っている人及び団体「論文名もしくはWebサイトのタイトル」〈サイトのURL〉(最終アクセスの年月日) の順で記すのが一般的。

例　酒井信「現代批評　The Tongue Is Ever Turning To The Aching Tooth」〈 https://makotsky.blogspot.com 〉（最終アクセス2019年2月9日）

著書、共著、雑誌論文、Web上の文章
現代的な引用のスタイルは、本文中に (著者名・出版年・ページ) の情報を入れた上で、巻末、章末に注釈を入れる。本文中に (著者名・出版年・ペー

ジ）の情報を入れる以外は、オーソドックスな引用の方法と同じである。引用した文献については、文末に「参考文献・引用文献」の欄を設けて、一覧を記載すること。

例　本文中で参考・引用した箇所に（酒井信　2018:15-21）などと記載。同一の著者の複数の文献を参考にした場合は（酒井信　2011:185-187;2018:15-21）と記載。文末に「参考文献・引用文献」の欄を設けて、オーソドックスな引用と同じ方法で一覧を記載する。

参考文献・引用文献
（1）　酒井信「カズオ・イシグロの中の『長崎』」、文藝春秋『文學界』、第71巻12号、2017年、pp.145-163
（2）　酒井信『吉田修一論　現代小説の風土と訛り』、左右社、2018年、pp.1-336

演習2

Yahoo!ニュースの「トピックス一覧」から関心のあるニュースをひとつ選び、そのニュースが表象する問題について、関連する新書1冊と雑誌記事2本を参考にして、自己の考えを記すこと。上記のルールで注釈を付し、起承転結の構成に従い1300字で考えをレポートにまとめること。なお起承転結の構成については、❶ニュース記事の内容を踏まえた問題提起、❷1冊の新書とひとつの雑誌記事の内容を参照した論拠、❸❷の内容を別の視点から分析し、ひとつの雑誌記事の内容を参照した論拠、❹簡潔な結論の4点を織り込み、レポートの作成に取り組むこと。

❶問題提起

❷論拠

❸別の視点からの分析

❹結論

（解答メモ）

Lesson 3

自己紹介文・志望理由書の書き方

　自己紹介文・志望理由書は、書き出しを工夫して、見ず知らずの人にも興味を持ってもらえるような書き方をすること。書き出しが悪いと、冒頭の部分しか読まれない可能性もあるので注意すること。全部の文章を読んでもらえるように、文章を具体的かつ魅力的なものに仕上げることを意識するとよい。

　現代では、肉筆で自己紹介文・志望理由書を作成していた時代とは異なって、パソコンを用いて文章を作成することができる。このため、志望理由書を審査する側は多くの書類の選考を行っていることを念頭

に置く必要がある。

　志望する動機について、業界・業種、教育機関などにとって重要なキーワードを中心にして簡潔にまとめ、具体的な事例と共に説明すること。志望するに至った「具体的な根拠」を明確に示すように心掛ける。

　企業の案内など、与えられた資料の内容を踏まえて、自己紹介文・志望理由書を作成する場合は、その資料の文章から「動機を示すために必要な点」のみを引用すること。多くの文章を引用し過ぎないように注意する。

　自己紹介文・志望理由書は、「〜だ」「〜である」調で書くのが一般的である。ただ、状況に応じて、「〜です」「〜ます」調で書いてもよい。下の文章も、志望者の印象を柔らかくするために、意図的に「〜です」「〜ます」調で作成している。

志望理由書の文章例
　私は高校3年生の時に行った大学のオープンキャンパスで、世界各地のCMを比較しながら、各国の文化的背景について比較する公開授業を受講し、映像表現に興味を持ちました。その後、私は文教大学情報学部メディア表現学科に進学し、映像や活字メディアで実際に行われている広報活動の方法論について理解を深めてきました。その一方で、私は大学3年生の時に受講した国際関係学の授業で、海外におけるNGOの活動について強い関心を持つようになり、将来は小規模融資（マイクロクレジット）に関するNGOの広報活動に従事したいと考えるようになりました[*1]。

　私は約1年前からJANIC（国際協力NGOセンター）の会員となり、日本のNGOの活動についてシンポジウムや成果報告会で具体的な内容を学んできました[*2]。一般にテレビのニュースでは、政府や国連、軍隊など公的な機関の国際貢献が多く取り上げられていますが、NGO法人の国際貢献についてはあまり報道されていません。しかしJANICの資料を調べてみると、日本

のNGO法人が医療の支援や、農業・漁業の技術指導、小規模融資の普及、代替エネルギーの技術支援など多岐に渡る分野で活躍していることがわかります。私は貴団体に就職することでこのような活動内容を、より多くの人たちに紹介する広報の仕事に従事したいのです[*3]。具体的に言えば、私はこれまで自分が大学で身に付けてきた英語の力と、文教大学情報学部メディア表現学科で学んだ情報伝達の方法論を生かして、小規模融資の普及を促進する広報活動に従事したいと考えています[*4]。

　小規模融資については、すでに酒井信先生の下でその仕組みや成功事例、失敗事例を学び、また大学の休業期間を利用して、インターン生としてJANICのNGOの活動に従事してきました[*5]。この点を貴団体で働くための事前準備としてご評価頂き、私に、貴団体で広報活動に従事する機会を与えて頂けましたら幸いです。何とぞよろしくお願い申し上げます。(783字)

ポイント

・[*1]のように、冒頭で「どういう背景から、大学で何に興味を持ち、将来どうしたいか」を明確に記すとよい。

・自己紹介に近い文章でも、志望動機と関係する内容を記すように心掛けること。

・[*2]のように、志望のためにどのような「具体的な努力」を行ってきたか、固有名詞を使いながらアピールできるとよい。志望先と関係する「具体的な努力」を示すためには、志望理由書を書く以前の段階で、実際に「具体的な活動」を行っておく必要がある。インターンやゼミの課外活動等の機会を見つけて、「志望理由」の根拠となるような活動に取り組むことも重要である。海外の大学ではこのような活動は一般的。

・＊3のように、自分の志望動機を、その業種や分野について事前に調査したことを踏まえつつ、上手く提示できるとよい。志望理由書を書く前の準備として、企業や団体が配付資料やホームページで公開している情報に目を通し、図書館で日本経済新聞等の記事検索システムを利用して、その業界や分野の動向について詳しく調べておくとよい。

・＊4のように、これまでの経験を、志望先で具体的にどのように生かすことができるのかを明確に記すように心掛ける。もちろん「志望先と合致した経験」を提示することは難しく、仮に志望先に近いインターンの経験があっても、志望先でそのような経験が生かせるとは限らない。ただ課外活動やサークル活動、部活動等を通して取り組んできた経験を、志望先での活動に役立つ形で関連付け、具体的に説明できると、志望理由に説得力が出る。

・＊5のように、志望する組織の一員として働くための準備が整っていることをアピールするとよい。「志望先と合致した準備」を示すことは難しいが、＊4と同様に課外活動や部活動等を通して力を入れて取り組んできた経験を、具体的に説明できると、志望理由に説得力が出る。

志望理由書（キャリアを開拓するための自己紹介文）を書く上でのポイント

　ただの自己紹介文ではなく、自分が就職を希望する職種に対する興味や熱意を5W1Hを意識してアピールしながら、自己紹介文を作成すること。自己の志望理由を「魅力的なストーリー」として簡潔にまとめるように心掛ける。

　5W1H（Who What When Where Why How）を意識して、自分のこれまでの関心や経験を志望する職種にふさわしい形で、具体的な文章にま

とめること。上述の通り、新聞記事データベースなどを使って志望する業種・職種の最新の情報を事前に収集しておくこと。

　面接対策として、業界研究の内容や新聞記事の調査内容を踏まえ、想定される質問を箇条書きで書き出しておくとよい。収集した「新聞記事」をもとにして回答を作成しておくとよい。想定される質問は、多めに作成し、質問に答える練習を声に出して重ねておくと、面接対策として有益である。

演習3
「志望理由書の文章例」を参考にして、志望する企業や団体、教育機関等を具体的に指定し、起承転結の構成で、5W1H（Who What When Where Why How）を明示した上で、志望理由書を800字で作成すること。なお図書館で新聞記事データベースを使用して、自分が関心を持っている業種のニュースを調査し、新聞報道でキーワードとして使われている用語を5つ挙げ、その用語をすべて文中で使用すること。

志望する企業・団体・教育機関等

キーワード5つ

（解答メモ）

第10回

日本語の特徴を生かした

文章表現1

井上ひさし著『私家版　日本語文法』

この回の目標

井上ひさし著『私家版　日本語文法』を読んで、日本語の特徴について理解を深め、多様な日本語の文章表現について体感的に学ぶ。

授業の問い

劇作家であり、放送作家であり、小説家でもあった井上ひさしの様々な「メディアの現場」での経験に基づいた日本語の表現方法とは？　井上ひさしから見た日本語の特性とは？

はじめに

井上ひさしは1934年、山形生まれの作家である。直木賞を受賞した『手鎖心中』や読売文学賞と日本SF大賞を受賞した『吉里吉里人』などの小説で知られる。NHKで1964年から1969年まで放送された人形劇「ひょっこりひょうたん島」の原作者の一人としても有名である。父親は「サンデー毎日」で新人賞を獲得した井上修吉という作家で、井上ひさしが5歳の時に脊椎カリエスで死去している。このためひさしの母親は美容室や、焼き鳥の屋台、バーを経営するなどして、3人の子供を育てた。ひさしが有名人になると、母親は作家・井上マスとしてデビューし、波瀾万丈の自伝『人生はガタゴト列車に乗って』は1984年にドラマ化されて、人気を博した。

井上ひさしの作品はユーモラスであるが、所々に彼が成長する過程で経験した苦労が垣間見えて味わい深い。ひさしは弟と共に孤児院に預けられ、体罰やいじめを耐え忍びながら、仙台一高に通った経験を持つ。神父の推薦を受けて1953年に上智大学文学部ドイツ文学科に入学したが、生活に困窮して休学。釜石療養所の事務職に就いたり、医学部を受験したり、浅草のストリップ劇場・フランス座で台本を書くなど紆余曲折を経て、1960年に同大学を卒業した。その後、放送作

家として著名人となり、1972年には直木賞、芸術選奨文部大臣新人賞、岸田國士戯曲賞を受賞している。「ムーミン」や「ひみつのアッコちゃん」など人気アニメーションの主題歌の作詞を担当した経験も持つ。1983年には劇団こまつ座を立ち上げ、劇作家・演出家としても知られている。

　この回は、井上ひさしの「日本語」に関する書籍の代表作といえる『私家版　日本語文法』を取り上げ、「日本語」をメディアとしたコミュニケーションについて理解を深める。

使用する本
井上ひさし著『私家版　日本語文法』(新潮文庫)

本の概要
『私家版　日本語文法』は井上ひさしが日本語の文法と特性について個人的な研究成果を踏まえて記した1981年刊行の書籍である。広告のキャッチコピーや歌謡曲の歌詞、脅迫状や野球場で飛び交う野次まで、様々な日本語を分析対象にしている点が面白い。柳田国男や時枝誠記など高名な研究者の学説を所々で引用しながらも、身近な事例をもとにした分析が多いため、日本語の文法とその特性を実感しやすい。この本を読むと、「日本語文法」は、学校で教えられている堅苦しいルールの上で成立しているものではなく、柔軟なルールの上で成立しているものであることがわかる。日本語の文法や特性が、テレビ番組やCM、新聞の見出しや小説、漫画など様々な「メディア表現」に影響を与えていることを実感できる一冊である。

Lesson 1

日本語の特性（形容詞・名詞）

　柳田国男の言う「形容詞飢饉」に日本語が置かれていることに意識的になり、形容詞を用いたり、「たとえ」を用いて状態を形容する表現に注意深くなること。

　この百年間に西欧文明が洪水のように日本へ流れ込んできた。誤解をおそれずに粗っぽくいえば文明とは名詞の一大集団のことであるから、たちまちこの島国は横文字を漢語に移しかえた名詞で溢れてしまった。その証拠にどんな国語辞典でもいい、任意の一頁(ページ)をごらんください。半分近くが名詞で占められているはずだから。ところがその名詞の数に見合うだけの動詞や形容詞が入ってこない。接続詞の移入は皆無にひとしい。そこで名詞以外の品詞が品切れになったわけである。とりわけ形容詞はものの性質や状態が静止し、変化しないあり方を表わすのだから、それはどうしても使用者の感覚に依らざるを得ない。〈中略〉

　このようなとき、わたしたちはどんな次善の策を講じるのだろうか。第一に英語やフランス語の形容詞を日本語に移しかえるのをやめ、そのまま片仮名で使う。〈中略〉

　第二の方法は、二字繋ぎの漢語に〈ナ〉をつけるやり方で、〈中略〉〈優雅な〉や〈清楚な〉がそれに当る。だがこれはどうも安易な、安直な、手軽な感じがする、ちょうどこの文章のように。

　第三の方法はやはり二字繋ぎの漢語に〈……的〉なる的をぶらさげて形容詞をつくるという、本邦の知識人から積極的、圧倒的、絶対的、驚倒的、信仰的、神懸的(かみがかりてき)、盲目的支持を受けているやり方だが、連続的、集中的、持続的使用をするとまるでこの文章のように知性的を瞬間的に通り越し痴呆的作文になってしまうので、良心的物書きはこの手の形容詞に警戒的、消極的態度をとらざるを得ない。

(「枕ことば」よりpp.11-14)

ポイント

・日本語には形容詞が少ない。柳田国男は『国語の将来』の中でこのような状態を「形容詞飢饉」であると「形容」している。日本語を使用する人々は、この言語が「形容詞飢饉」の状態にあることを意識し、形容詞の不足を補うような「たとえ」に意識的になることで、日本語表現を豊かにするように心掛ける必要がある、と井上ひさしは教示している。

・日本語の「国語辞典」に掲載されている言葉は、名詞が大半である。井上が言うように文明とは「名詞の一大集団」である。知らない名詞を見つけたら辞書で調べる癖を身に付けること。限られた数の形容詞や動詞の使用に慣れることも重要である。

・日本語には略語も多い。エアコン(エアー・コンディショナー)、特急(特別急行列車)など、一般に広く使われている略語も存在する。

・一般に広く使われている日本語の中にも、俗語(スラング)と言える起源を持つ言葉が数多く混在している。

例1　シカト……無視するという意味の言葉であるが、元々は任侠用語である。十月の花札にシカが紅葉を無視しているような絵が描かれているため、鹿と十で「シカト」という言葉が生まれた。

例2　ヤンキー……Yankeeという英語は、本来は米国の人々を指す言葉である。「不良の若者」を意味する日本語の語源は諸説ある。1970年代に大阪の難波にある「アメリカ村」で、アメリカ風のファッションが流行し、同様のファッションセンスを持つ若者が「ヤンキー」と呼ばれたという説が有力である。他に「〜やんけ」という関西弁から派生して生まれたとされる説

もある。いずれにしても「ヤンキー」という言葉の起源については、関西説が有力である。

・日本語には擬声語（擬態語も含む）が多く、特に漫画の表現で多用される傾向にある。

例　グオオーッ、ドキューン、ドォーッ、ビュービュー、タッタッタッ

・外来語の形容詞はカタカナで表記されることが多い。外来語として名詞に見合うだけの形容詞や動詞が入ってきていないため、外来語の形容詞はカタカナのまま使用される傾向にある。

例　ビューティフル、ワンダフル、アメージング、エキセントリック、ゴージャス、ロマンチック、チャーミング、ファンタスティックなど

演習1
現代日本で一般に使われている形容詞（カタカナのものも含む）を下記のカテゴリーに沿って各10つ挙げること。

人の性格を表現する形容詞

物の性質を表現する形容詞

ポジティブな感情を表現する形容詞

ネガティブな感情を表現する形容詞

演習2

外来語としてカタカナで日本に定着している形容詞を5個使い、自分が憧れる人物について、なぜその人に憧れるのか、理由を説明する文章を400字で記すこと。

憧れる人物名 _____
憧れる理由 _____
_____
_____
_____

Lesson 2

日本語の特性（受け身表現）

　現代の日本語の表現には、主語を曖昧にした受身形が多い。受身形を使わずに、責任の主体を明確にした文章を書くことに慣れること。

　日本語ではなぜ有情物にのみ受身表現があるのだろうか。この難問を解いたのは、『国歌大観』の編集者として知られ、日本最初の口語文典『日本俗語文典』を著わした松下大三郎（一八七八〜一九三五）で、彼は《受身の主体になるものは利害を感ずるといふ意味において人格が認められてゐる。利害といつても多くは害である》（『標準日本文法』）と喝破した。つまり日本語の受身は、

　《叱られて／叱られて／あの子は町までお使いに……》（清水かつら作詞）

を例にとれば、あの子＝有情のものが、不本意ながら、叱られ、害を受け、迷惑をこうむっているという言い方をするときに用いられるのが基本なのである。有情のものに好ましくないことがふりかかったり、人格を認められるものが好ましくない状態におかれるような場合に受身が用いられるの

である。むろん、「社長に認められて、重役に抜擢された」など、迷惑でない場合もあるが、多くは、害を受けたときにこの受身表現は鋭い切れ味を持つ。〈中略〉

　と書くと、「無生物＝非情のものを主語にして、利害の感情を伴わない受身表現もあるぞ」とおっしゃる方もあるだろうと思う。「窓の外に洗濯物が干されている──、この表現は正しいはずだぞ。さあ、どうしてくれる」。

　たしかに、おっしゃる通りである。この受身表現を「非情の受身」と専門家はいうらしいが、ちかごろはこっちの方が多い。〈中略〉

　さてもうひとつ、大いに幅をきかせている受身表現がある。『朝日』夕刊の第一面トップは五十三年度の農業白書の内容紹介で、たとえばこうなっている。

　「大規模農家を中心に、借地などによって規模拡大を図る動きが強まっている。また、世帯主が五十歳以上で後継ぎのいない農家が約百万戸あるので、今後、中核的農家への土地利用の集積が見込まれる」〈中略〉

　右の農業白書の記述がなんとなく無責任に見えるのはなぜであろうか。傍線の部分が、

　　……と考えられる
　　……成行が注目される
　　……と思われる
　　……とみられる
　　……が思い出される

などと同じ、あの悪名高い「自然可能的な受身」になっているせいである。「なすがまま」「なされるがまま」「自然になるようになる」といった調子で書かれているから無責任な印象を受けるのである。危機に瀕した日本農

業を、農民と共に、死にものぐるいですこしでもましな方向へ推し進めて行かねばならぬはずの農林水産省が、他人事のように、あるいは宿命論者よろしく、自然可能的な受身表現でレポートを記す。

(「受身上手はいつからなのか」よりpp.55-59)

ポイント

・日本語には「〜と考えられる」「〜と思われる」「〜が思い出される」「成行きが注目される」など、主語を曖昧にした「自然可能的な受身表現」が多い。人為ではなく、自然にそうなるという価値観を反映していると考えられるが、責任の主体が不明確になる点が問題である。

・主語を省略して受け身形にすることで、責任の所在を曖昧にすることを、無意識的・意識的に意図している日本語の文章に敏感になること。日本語で文章を書く際には、主語(責任の所在)を明確にし、受身形になる表現をできるだけ避けるように意識すること。

・「霞ヶ関文学」と呼ばれる法律案や公文書の文章表現は、主語を省くことで責任の所在を曖昧にし、責任の主体について具体的な言及を避ける傾向を有する。玉虫色に解釈できる文章を意図的に記すことで、官僚にとって法律や公文書の運用を容易にしている。行政を監視するために、私たちは「霞ヶ関文学」の問題点を見抜くメディア・リテラシーを身に付ける必要がある。

・私たちが文章を書く際には、主語と述語の関係が明確な文章を書くように心掛ける。「空気を読む」ことに腐心して、責任の主体が曖昧になるような文章を記さないこと。

演習3
次の受動態の文章を、責任の主体である主語を補って能動態の文章で記すこと。なお補う主語は指定の言葉を使用し、不足する言葉があれば、適宜想像して補うこと。※解答はこの回の一番最後に記載。

受動態の文章1：高校時代にみんなと一生懸命にサッカーを練習していた頃のことが思い出される。
補う主語：私
（解答メモ）

受動態の文章2：年末年始の時期は東名高速道路では渋滞が予想されているため、出かける時には、道路交通情報を確認して、余裕を持って出発する必要があるだろう。
補う主語：私たち、日本道路交通情報センター
（解答メモ）

受動態の文章3：国会内では増税に反対する議論が紛糾しているとみられ、与党が受ける批判は激しく、成り行きが注目される。
補う主語：野党、マスコミ
（解答メモ）

演習4
公共性の高い機関や団体のホームページを閲覧し、そこで公開されている文書の中から、受動態で記されている、主語が曖昧な文章を3つ挙げること。そして、その中からひとつの文章を選び、その表現がどのような文脈で複数の意味に解釈可能であり、どのような問題点を有しているか、起承転結の形式を用いて600字でまとめること。

受動態で記されている文章3つ _____

_____

_____

選んだひとつの文章の問題点 _____

反証 _____

結論 _____

(解答メモ) _____

_____

_____

_____

_____

Lesson 3

日本語の特徴（状態動詞・指示代名詞）

「ある」「いる」「おる」の使い方に意識的になり、英語でいうbe動詞の使い分けを丁寧に行うこと。また指示代名詞、「こ（近称）、そ（中称）、あ（遠称）、ど（不定称）」言葉について、対象との距離に適した使い方に意識的になること。

　次の井上ひさしの文章に記されているように、指示代名詞についても、日本語は他の言語と比べても稀な整合性を有している。対象との関係に適した「こ（近称）、そ（中称）、あ（遠称）、ど（不定称）」言葉を、日常生活の中で「距離」を意識しながら使うように心掛ける。「ある」「いる」「おる」の使い分けや、「こ・そ・あ・ど」言葉の使い分けには、相手との間（距離）を測り、仲間とよそ者を区分けする価値観が反映さ

れていると考えられる。

　現代でも日本語を用いたWeb上のコミュニケーションには、このような内と外とを区分する価値観が色濃く反映されていると私は考える。一般的な傾向として日本のWeb上のコミュニケーションでは、「ウチ」側の親密圏では、実名をベースとしてポジティブなコミュニケーションが生じやすく、「ソト」側の非親密圏では、匿名をベースとしてネガティブなコミュニケーションが生じやすい。このためWeb上で未知の相手と「非親密圏」でコミュニケーションをはかる場合、その内容がネガティブで排他的なものにならないように留意する必要がある。

　このような「ソト」側の「非親密圏」のコミュニケーションの問題について意識的になる上でも、日本語の状態動詞と指示代名詞について、理解を深めるとよい。

　文法の授業を暗記力の鍛錬時間にしないためにどんな方法があるだろうか。たとえば、「日本語の動詞は次のふたつに分けることができる。第一のグループは〈ある〉で代表されるもの。原則としてこの〈あるグループ〉は主体が非情物のときに用いられ、受身は作られにくい。第二のグループは〈いる〉で代表されるもの。この〈いるグループ〉は主体が有情物のときに出てくる動詞で、受身が作られやすい」と教えてみてはどうだろう。〈中略〉

　指示代名詞というのは、コ系（近称）、ソ系（中称）、ア系（遠称）、ド系（不定称）の、いわゆるコソアド称格体系で、これは世界の諸言語でも稀な、透明なる論理性を持つ。フランス語がいかに明晰かはしらぬが、このコソアドの前では、どろどろの濁り水、雑然としていてデタラメで、話にならない。

　　　（「受身上手はいつからなのか」「自分定めと縄張りづくり」よりp.53及びp.72）

ポイント

・主語が非情物のときには、「ある」グループの動詞が使われ、有情物

のときには、「いる」グループの動詞が使われる。「いる」という言葉は、人間など有情物に対して使われるため受身形が作られやすい。

例1　あの人は叱られている
例2　社長が責任を追及されている

・「おる」は動作の主体が謙る謙譲語である。「私は昨日会議に出席しておりました」といった使い方をする。日常生活で使用される「〜さんはおられますか？」という表現は誤りで、「〜さんはいらっしゃいますか？」と尋ねる必要がある。「ある」「いる」「おる」の使い方は明瞭なルールに基づいている。

演習5
自分にとって愛着のある現実の場所と、その場所に存在する親しい人や物について、「ある」「いる」「おる」の動詞と、「こ・そ・あ・ど」の指示代名詞をすべて使い600字で説明すること。

愛着のある具体的な場所の名称

「ある」「いる」「おる」と指示代名詞を使った説明

（解答メモ）

演習6
『私家版 日本語文法』の内容を踏まえて、日本語の特徴を生かし、表現の幅を拡げるために自分の文章表現に何が必要か、「形容」「責任の主体」「指示代名詞」の3つのキーワードを使用して、400字でまとめること。

(解答メモ)

演習3の解答例

受動態の文章1
高校時代に、みんなと一生懸命にサッカーを練習していた頃のことを、私は思い出す(思い出すことがある)。

受動態の文章2
年末年始の時期は、日本道路交通情報センターが東名高速道路の渋滞を予想しているため、私たちは道路交通情報を確認して、余裕を持って出発する必要がある。

受動態の文章3
国会内では、増税について野党が反対しているため、与党が受ける批判は激しく、議論が紛糾しているとみられ、マスコミは成り行きを注目している。

第11回

日本語の特徴を生かした

文章表現2

井上ひさし著『私家版　日本語文法』

この回の目標

前回に引き続き、井上ひさしが『私家版　日本語文法』で説明している日本語の特徴について理解を深める。現代的な事例に則した演習問題を通して、日本語の多様な文章表現について体感的に学ぶ。

授業の問い

テレビ・雑誌・書籍・舞台など多様なメディアの現場で活躍した井上ひさしの日本語の表現方法とは？

井上ひさしから見た、現代社会で意識して活用すべき日本語の特性とは何か？

Lesson 1

日本語の特性（人称代名詞）

日本語の文章には主語を曖昧にする傾向がある。ただ、人称や地位、職分を明確に表す名詞は数多く存在している。

職業や地位を表す言葉を、相手を呼ぶ際に使用する日本の習慣は、国際的にはさほど一般的ではない。欧米では職業や地位にかかわらず、ファースト・ネームで相手を呼ぶことが多い。

近代以前は人称を表す言葉はさらに多かった。女性が自分のことを「オレ」と呼ぶ地域もあったほどである。上野千鶴子著『近代家族の成立と終焉』によると、明治以後、日本では男女の言葉使いを区別して教育することが、社会秩序の形成上、重視されてきた。「ぼく」を男性の言葉、「わたし」を女性の言葉として区別するところから、近代日本の国語教育は始まったのである。

人称代名詞（ちかごろは「人代名詞」という呼び方が普通になっているけれども）になると、すべては引っくり返る。たとえば、英語の一人称単数の代名詞は「I」

ひとつであるが、日本語ではそうは行かぬ。国立国語研究所資料集の『分類語彙表』(秀英出版刊)によれば、

《我、私(わたくし・わたし)、あたし、あっし、わっし、わっち、わし、わて、僕、おれ、おいら、こちとら、手前、それがし、小生、拙者、予・余、わが輩、吾人、不肖……》

など、はるかに十指を超える。二人称(他称)となると、もうこれはほとんど無限といってもよい。

《あなた、あんた、君、貴君、貴兄、お前、汝(なんじ)、うぬ、そのほう、そなた、貴様……》

などのほかに、先生、看護婦さん、会長、社長、部長、課長、係長、監督、コーチ、マスター、ママさん、パパ、おじいちゃん、おばあちゃん、おにいちゃん、おねえちゃん、車掌さん、駅長さん、運転手さん、おまわりさん、ボーイさん、ホステスさん……と、職業や地位をあらわすことば、あるいは親族名称が、対称、すなわち相手を呼ぶのに、代名詞として用いられることが多いからである。言うまでもないことながら、右に掲げたもののなかには、自称に用いられることばもあるが、それにしてもこれではあまり賑やかすぎるのではあるまいか。コソアド称格体系はそのままにしておいて、このデタラメきわまる人称代名詞の方をすこし整理すれば、日本語はよほどすっきりするにちがいない——こう考える人間がいてもふしぎはない。〈中略〉

そこへ筆者がなにをいってもはじまらないが、職業や地位を表わす語や、親族の概念を含む語を合せて、日本語の代名詞は、常に相手と断絶状態におちいるのを防ぐことを主なる目的として用いられるのではないか、ということだけは書きつけておこう。〈中略〉

ひとつ、わたしたちは始終、相手との間(ま)を測り、相手と間を合わせることに苦心しているが、この間を微調整するために、無限に近い人代名詞を必要とするのである。ふたつ、そうやってできあがった間を固定させておくためにコソアドという遠近区分け法がある。いわば前者は〔相手に合わせて

の自分定め〕、後者は〔相手との共同の縄張りづくり〕というべきものであるが、ひっくるめて相手との関係が断絶状態におちいるのを防ぎ、間を保たせようとする工夫ではないだろうか。

(「自分定めと縄張りづくり」「ナカマとヨソモノ」よりp.72,p78,p80)

ポイント

・日本語には地位や職分を表す言葉が非常に多い。企業の役職の序列や、公務員の階級など。これらの地位を表す言葉の多さは、日本で年功序列に基づく職階の秩序が長らく機能してきたことを物語っている。

例　親方、監督、女将、大将、マスター、課長、次長、部長、局長、本部長、審議官、局次長、事務次官

演習1

自分が好きな企業を選び、その企業のホームページを閲覧して、その企業が採用している職階についてわかる範囲で書き記すこと。また国家公務員の職種をひとつ選び、その職階について調べたことを600字で書き記すこと。

企業の職階

公務員の職階

(解答メモ)

演習2

自分のことを一人称で何と呼び、家族や親しい友人のことを何と呼ぶか、呼称を明記した上で、多くの呼称の中からそれを使う理由について600字で説明すること。

自分を呼ぶ時の名称

家族を呼ぶ時の名称

親しい友人を呼ぶ時の名称

（解答メモ）

Lesson 2

日本語の特性（漢字）

　常用漢字を使いこなすことで、意味を凝縮した文章を表現することを心がける。

　第二次世界大戦後、日本では漢字が「非効率的な言葉」であると見なされ、知識人の一部はその廃止を主張していた。教育の現場でも、漢字の学習に時間をかけることは「国家的損失」という意見が根強く存在していた。

　漢字の生まれ故郷の中国でも中華人民共和国が建国された後の1950年代半ばに、画数の多い正体字（繁体字）が、簡略化された簡化字（簡体字）に置き換えられている。その一方で台湾や香港、マカオなどでは繁

体字が継続的に使用されており、日本の旧字体と共通する漢字も多い。
　1978年に東芝が世界初の日本語のワードプロセッサーを開発したことで、その後、漢字を書いて文書を記す労力が大幅に軽減されることとなった。これは日本語や漢字をメディアとしたコミュニケーション上の革命といえる出来事である。
　ワープロに搭載された予測変換の技術の発達によって、短文で多くの情報を伝えることができる漢字の価値が、次第に見直されるようになる。その後、携帯電話やスマートフォンでも予測変換の技術が使われ、広く一般に普及している。このような経緯から、今日では漢字が「非効率的な言葉」という認識は後退していると私は考える。
　井上ひさしによると辞典掲載の漢字は約5万語あるが、日常的に使う漢字は多くても5千字ほどであるという。現在の常用漢字は2136字である。高校の英語教育で身に付ける語彙数が6千語程度であることを考えると、日常生活の中で使われている漢字の数は、一般に考えられているほど多くない。「意味を凝縮した塊」である漢字を活用して、効率的に情報量のある文章を書くように心掛けることが重要である。

　造語力の豊かさということが話題に上ると誰もがまず最初に指を折るのはドイツ語だろう。たとえばアメリカの比較言語学者マリオ・ペイ（一九〇-七八）は次のようにいう。
　《……この複合プロセスはごく古いもので、とりわけ、ドイツ語はこれが非常に得意で、Kriegsgefangenenentschädigungsgesetz（クリークスゲファンゲンネンエントシェーディグングスゲゼッツ）（戦争捕虜損害補償法）といった形である。》（『ことばの世界』講談社）
　たしかにドイツ語の造語力は相当なものである。だがもしマリオ・ペイが、この長ったらしい単語を日本人翻訳家（外山滋比古と平田純）がこともなげに「戦争捕虜損害補償法」と訳していると知ったら、どんな顔をするだろうか。長ったらしい単語をこしらえることにかけては、日本語もなかなか隅

にはおけないのである。
　わたしたちの周囲にはその造語力を充分に生かした言い回しが溢れている。新聞の求人欄の、
　《求保母　有資格者委細面談日給八千五百年令三十五歳迄賞与年二回日祝第二・三土休交費支給》
　といった塩梅式(あんばい)の案内文はその典型例だろう。元旦の新聞をちらりと眺めても、
　「額椽一万種大廉売」(世界堂)
　「新春スターかくし芸大会」(フジテレビ)
　「中学高校生英語会話科募集」(日米会話学院)
　「舶来腕時計20万以上2割引実施中」(日本堂)
　「創価学会創立五十周年記念出版」(池田大作『友舞』)
　「お仕立上り正絹京染留袖模様紋入奉仕」(池袋東武百貨店)
　「各個室カラオケ設置開業七周年記念出血覚悟大奉仕」(千葉パパイヤモテル)
　などなど枚挙にいとまがない。〈中略〉
　つまり筆者の言いたかったのは、この、ひとつの中心語にいくつかの付着語が接着した一連の漢字の名称をほぐして文章にすると、三倍近くにもふくれあがるという事実だ。表意文字の金看板は伊達ではない、漢字は、意味を凝縮させた塊である。
　むろん、だから日本語はすぐれている、と主張しようというのではない。この漢字の増殖能力も使い方を誤まればみじめなことになる。〈中略〉
　明治維新の是非はともかく、あの疾風怒濤の時期、西洋の文物が洪水のように東海の孤島へ押し寄せてきたが、それをどうにかしのぐことができたのはひとつはこの漢字の造語能力のおかげであった。あとからあとからと流れ込んでくる西洋文明を、明治の知識人たちが片っ端から漢字に「翻訳」してくれなかったら、わたしたちの曾祖父たちは横文字の海で溺死を強いられていたにちがいない。坪内逍遙は「男性」「女性」「文化」「運命」を、福沢

諭吉は「自由」「演説」「鉄道」を、加藤弘之は「……論」を、福地桜痴は「主義」「社会」を、そして西周は「哲学」「文学」「心理学」「権利」「義務」を訳語として造出し、外国からの新しいものと漢字とを合わせ、対応させてくれた。これを漢字の業績といっても決してほめすぎとはならないだろう。そういえば、この「業績」も森鷗外の造語だった。

(「尻尾のはなし」「漢字は疲れているか」よりpp.98-101,p.116)

ポイント

・漢字は「意味を凝縮した塊」であり、関連する漢字を伴って「増殖」する能力の高い言葉である。常用漢字の読み書きを覚え、日常生活の中で常用漢字を使用することに慣れること。

・漢字は表語文字であり、視覚表現に近い文字であるから、瞬時に意味を伝達する力が強い。一説によると、漢字のリテラシーがある人は、一秒間に9〜13文字の漢字の意味を理解することができるとされる。新聞の見出しは漢字の塊であり、短文の中に重要な情報を織り込んでいる。日本で最も読者の多いニュース・メディアであるYahoo!ニュースの「トピックス」の見出しの文字数も13.5文字に設定されており、漢字を上手く用いて短文の中に意味を凝縮している。

・「常用漢字」が定められた経緯について理解することで、日本語の文章表現について理解を深めることも重要である。
1946年11月に「当用漢字表」が定められ、使用頻度の高い1850の漢字が選ばれた。1981年に10月に「常用漢字表」が告示され、このときは1945字が選ばれている。2010年に現在の「改訂常用漢字表」が発表され、2136字が記載されている。
「高等学校学習指導要領」には「常用漢字の読みに慣れ、主な常用漢字

が書けるようになること」という記載があり、常用漢字の読み書き能力が現在の国語教育の柱になっている。

・新聞報道については、日本新聞協会新聞用語懇談会がまとめた「新聞常用漢字表」が使用されている。ただ「改定常用漢字表」との間に大きな違いはなく、「新聞常用漢字表」は、「改定常用漢字表」から7字を削除し、常用外の5字を加えた2134字を使用している。

・「新聞常用漢字表」で「改定常用漢字表」から削除された7字は以下である。
虞、且、遵、但、朕、附、又

・「新聞常用漢字表」で「常用外」の漢字から追加された5字は以下である。
磯、絆、哨、疹、胚

・東日本大震災で復興のキーワードとして使用された「絆」が「新聞常用漢字表」に追加されている点が興味深い。つまり「絆」という漢字は、2010年に改訂された「改訂常用漢字表」には記載がなく、小中高の教育で教えられることはないが、新聞やテレビ等のメディアでは普通に使われている身近な漢字ということになる。

演習3
9〜13文字の漢字の連語を3つ創作すること。

漢字の連語1
漢字の連語2

漢字の連語3

演習4
スマートフォン等を用いて平成22年6月7日の文化審議会答申「改定常用漢字表」を文部科学省のホームページで閲覧し、自分にとって読み書きが難しい漢字を10選び、各10回ずつ練習すること。

常用漢字1	
常用漢字2	
常用漢字3	
常用漢字4	
常用漢字5	
常用漢字6	
常用漢字7	
常用漢字8	
常用漢字9	
常用漢字10	

演習5
東芝が開発した世界初のワードプロセッサーは、その後のパソコンや携帯電話、スマートフォンで使用される日本語のあり方にどのような影響を与えたと考えられるだろうか。書籍や新聞記事、東芝のホームページ等で調べたことを踏まえ、自己の考えを起承転結の形式を用いて800字でまとめること。なお問題提起の部分には、日本語の予測変換の技術がどのような意味で画期的だったかについて記すこと。また参照した文献・サイト等については、第9回の引用ルールに従って必ず出典を明記すること。

予測変換の技術の画期的な点
_____

その理由
_____
_____

2の反証
_____
_____

結論
_____

(解答メモ)
_____
_____
_____
_____
_____
_____
_____

演習6

日本語の固有名詞の中には地名が多い。日本の名字の約9割が地名に由来すると言われる。総務省の「市町村数の変遷と明治・昭和の大合併の特徴」によると市制町村制が施行される直前の明治21年の時点での町村の数は71314だった。市制町村制が施行された明治22年の市町村数は15859であり、大幅に減少している。第二次世界大戦後、市町村の合併が更に推進され、昭和22年の地方自治法施行の時点での市町村数は10505である。その後「昭和の大合併」の影響で、昭和36年に市町村数は3472にまで減少している。「平成の大合併」の後、平成26年に市町村数は1718となり、現在に至る。明治21年まで町村が、現在の約40倍にあたる71314も存在していたことを考えれば、日本語

の固有名詞として地名がいかに多かったかが理解できるだろう。

このような地名の合併の歴史的な経緯を踏まえ、Google Mapを使用して、日本の市町村名の中から漢字の読み方が難しいと感じたものを5つ選ぶこと。そしてその地名の由来について、各市町村のホームページ等で調べ、各200字で簡潔に記すこと。参照した文献・サイト等については、必ず出典を明記すること。例は、著者が驚いた地名の読み方である。

例　雑餉隈（ざっしょのくま、福岡県）、和寒（わっさむ、北海道）、鬼首（おにこうべ、宮城県）、放出（はなてん、大阪府）、特牛（こっとい、山口県）、女の都（めのと、長崎県）

地名1

由来

（解答メモ）

地名2

由来

（解答メモ）

地名3

由来

（解答メモ）

地名4

由来

（解答メモ）

地名5 _____
由来 _____
(解答メモ) _____

Lesson 3

日本語の特性（句点、読点）

　句点と読点の打ち方に気を配ること。文章によっては句点と読点の位置次第で伝わる意味内容が変わることもある。

　句点(マル)はとにかく、読点(テン)がおもしろい性格を持っていることを無意識にではあるが知っているからで、たとえば「べんけいがな　ぎなた」式の笑話[*1]が祖父から親へ、親から子へ伝えられ、いまも少年週刊誌の埋め草として重宝されていることでも、それは明白だろう。

　❶ここからはきものをぬいではいりなさい
　❷きみはしらないのですか
　❸かれは会社にはいらない
　❹ツマデキタカネオクレ
　❺明日雨降り候天気には御座なく候
　❻七と三の二倍はいくらですか

　❶では、「ここから、はきものを」と読点(テン)を打つか、「ここからは、きものを」でほどこすかで、ずいぶん意味がちがってくる。❷でも、読点(テン)の場所によって「きみ、走らないのですか」、「きみは、知らないのですか」の、二通りの意味になる。❸は、彼が、「会社に、入らない」のか、「会社には、要らない」のかは、読点次第である。❹の電文を受け取った父親は、息子に「妻、でき

た」のか、「津まで、来た」から金がいるのか、すぐには判然とせず首をひねらざるを得ないだろう。❺は、「明日雨降り候、……」と読点(テン)を打てば雨、「明日雨降り候天気には、……」とすれば晴、あるいは曇ということになる。❻は、「七と、三の二倍」なら答は十三、「七と三の、二倍」であれば二十だ。

　読点(テン)の移動によって文意がまるでちがってくるこの仕掛(からくり)、これがわたしたちをうっとりさせ、よろこばせる。胡麻粒より小さな、とるに足らないちっぽけな存在が"思想"を変えてしまう、この〔小人の力業〕にわたしたちは胸のつかえをおろす。小さな点が大きな天にも匹敵するという、この逆説に"知的"なものを感じとってわたしたちは読点(テン)に拍手を送り、ついでのことに合理派と非合理派とを嚙み合わせてみたくなるのだ。〈中略〉

　文章にはかならず句点(マル)や読点(テン)がくっつかなければならない、それは文章の形式や論理の切れ続きをはっきりさせるためにも是非とも必要なことだ。わたしたちはそうかたく信じ、この規則は天地開闢以来、とまでは行かなくとも、かなり以前からきびしく行われてきたのだからなんとかきっちり守らなくてはと思いがちだが、じつはそうではないので、大勢の読者を擁する新聞は、三十年前[*2]まで（社説や連載小説や随筆などは別だが）句点(マル)を使っていなかったのだ。新聞が句読点の全面実施に踏み切るのは昭和二十五年以降のことで、すなわち、『朝日新聞』は昭和二十五年七月から、『毎日新聞』が昭和二十六年一月から、そして『読売新聞』は昭和二十八年一月から全記事に句点(マル)を打つことを決めている。

　この事実は、句読点について考えるとき、かなり重要な意味を持つのではあるまいか。

（「句点と読点」「句読点なんか知らないよ」よりpp.146-148,p152）

[*1]　本来は「べんけいが、なぎなたをもって」と読むべき文章を、「べんけいがな、ぎなたをもって」と読むような読点を打ち間違った読み方を「ぎなた読み」と呼ぶ。
[*2]　この本が書かれた1981年から約30年前という意味。

🔴ポイント

・日本語には「ぎなた読み」が可能な文章が多く存在する。このため、日本語で正確な意味を伝えるためには、読み手の立場に立った「読点の使い方」を意識することが重要である。近年でも「ぎなた読み」はWeb上で注目を集めて話題になることがある。

例　アフガン航空相撲殺される
2002年に2ちゃんねるの「ニュース速報版」で誤読された有名な「ぎなた読み」。本来は「アフガン航空相（アフガニスタンの航空観光大臣の略）、撲殺される」と読点を打って読むべきところを「アフガン航空相撲（という相撲大会で）、殺される」と「ぎなた読み」をされたことで、関心を集めた。

・日本では句読点の歴史は浅い。特に「。（句点）」は第二次世界大戦直後まで一般的ではなかった。新聞や雑誌の記事も、句点の代わりに読点を使用しており、井上ひさしの引用文中にあるとおり、多くの新聞で「。（句点）」が使用されたのは、昭和20年代後半である。

・「現代かなづかい」は、第二次世界大戦後の1946年11月に内閣訓令で公布されたものである。従来の「古代語音に基づく」歴史的仮名遣いから「現代語音に基づく」ものに変更された。「新かなづかい」とも言う。1986年7月に「現代仮名遣い」として改訂される。

演習7
「ぎなた読み」が可能な文章を2つ記すこと。長さは問わない。

ぎなた読み1 _____

ぎなた読み2 _____

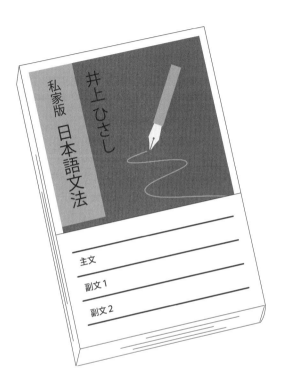

演習8

『私家版　日本語文法』の内容について、要約を400字で作成し、その魅力を伝えるキャッチコピー（主文13文字、副文20文字×2）を作成すること。

キャッチコピーの文例

主文　日本語の表現能力を拡張！

副文1　井上ひさしが伝授する日本語の表現術

副文2　多才な作家から学ぶコミュニケーション戦略

要約

第10回、11回のまとめ

1　日本語の特性について理解を深めることで、人の言動や感情を、細やかな言葉を使って表現することに意識的になること。

2　日本語には擬声語（擬態語も含む）が多いが、三島由紀夫は『文章読本』の中で、擬声語は抽象性のない言葉であり、言語が本来の機能を果たしていないと批判している。これに対して井上ひさしは、擬声語を日本語らしい表現のひとつとして肯定している。

3　日本語の受動態の文章には主語の省略が多いため、できるだけ受動態で文章を書くことを避け、能動態で主語（責任の主体）を明示した文章を書くように心掛けること。

4　他人との「間」を調整するために、「こ（近称）、そ（中称）、あ（遠称）、ど（不定称）」言葉や、数多く存在する人代名詞を使い分けるとよい。

5　漢字は「意味を凝縮した塊」であり、メールやSNSを用いたコミュニケーションが一般化した現代でも、情報伝達の効率がよい言葉（メディア）である。

第12回

データの収集・参照の仕方と論拠を明示した論文の書き方

この回の目標

　データを正しく取り扱い、文章を書く方法や、プライバシーを配慮したデータの引用の方法について学ぶ。また様々な種類の白書や調査が世の中に存在することを理解し、著者がゼミを担当している3つの大学で実施した社会調査の結果や、公的な白書の分析をもとにして文章を書く方法を身に付ける。そして総務省の「情報通信白書」の中からメディア産業の現状を分析した調査・データを参照しながら、説得力のある論拠をもとにした文章を記すトレーニングを積む。

授業の問い

　複雑に社会的な機能が分化した現代社会について理解を深め、説得力のある論拠をもとにした文章を書くためには、客観的な社会調査の結果や白書のデータを参照した文章演習も必要ではないだろうか？

Lesson 1

統計データの取り扱いの基本

　データには公的な統計データだけではなく、取材やインタビューで得た発言の録音や写真や動画も含まれる。データの収集に際しては、その取り扱いの仕方や管理責任などを明確にした上で、取材やインタビューを行う相手の許諾をとり、データの公開に際しては、プライバシーを侵害することのないように注意すること。

　アンケート等のデータ収集を行う際には、客観的な情報を収集することを心掛け、収集したデータを自己の研究に都合のいいように改竄しないこと。

　データ管理の責任を果たすことも重要な研究上のひとつの課題である。調査・研究に使用するパソコンには、コンピューターウィルス等への感染を防ぐソフトウェアを必ずインストールしておくこと。重要

な個人情報が含まれるファイルには、パスワードを設定しておくことが望ましい。

　アンケート調査等、研究目的でデータを収集した場合は、研究が終了した後もデータは、5年以上は保存するのが一般的である。またそのデータがハッキング等の被害にあって流出することがないように、セキュリティにも気を配ること。研究が終了して5年以上が経過し、保存が不要であると判断したデータについては、責任を持って廃棄すること。

ポイント

・得られたデータの分析や解析については、事前に計画した方法で実施すること。不都合なデータを意図的に削除したり、自己の研究目的に即してデータを改竄することがないように注意すること。

・他人が収集、解析したデータの盗用を行わないこと。引用・参照する場合は、それがどこから引用・参照したものであるかを明記し、自己の論を展開することを主目的として、研究に必要な範囲で引用・参照すること。注釈の作成の仕方については第9回で記した通りである。

・名前や電話番号、メールアドレスや住所、学歴や、職歴、本人が特定される写真等は、個人情報として保護の対象になる。研究目的を果たすために個人情報の収集がどうしても必要な場合は、データの使用を研究目的のみに限定することを明示した上で、本人に書面で許諾をとっておくこと。

・近年、引用の範囲を超える文章の「盗用」や、盗用に近い「要約」や

「言い換え」が発覚し、学位の取得や教員としての採用が取り消しとなる事例が、教育・研究機関で多発している。オリジナリティの高い論を展開することを主目的として論文を作成し、引用や参照を行う場合は、必ず出典を明記すること。

演習1
下記は著者がゼミを担当している大学（文教大学・立教大学・武蔵大学）で実施した「大学生のメディアの利用動向に関するアンケート」[*1]の設問と集計結果である（マス・メディアの利用動向に関する部分を一部抜粋）。この結果から読み取れる「大学生のメディアの利用動向」の特徴について、600字で要約を作成した上で、起承転結の形式を用いて、自己の分析を600字でまとめること。

[*1] 文教大学酒井信研究室「大学生のメディア受容に関する調査」 2018年12月16日～2018年12月22日実施〈大学生のメディアの利用動向に関するアンケート（マス・メディアの利用動向に関する部分を一抜粋）〉

問1　以下のメディアの中で接触頻度が高いと思うものについて教えて下さい。（あてはまるもの全てに○）
1．TV　2．DVD　3．SNS　4．動画サイト（定額サービス）　5．動画（無料サービス）　6．漫画（単行本）　7．漫画（雑誌）　8．CD　9．音楽（定額サービス）10．音楽（無料サービス）　11．新聞（紙媒体）　12．新聞（Webサイト）　13．雑誌（紙媒体）　14．雑誌（Webサイト）　15．映画（映画館）　16．ゲーム（家庭用ゲーム機、PC）　17．ゲーム（スマホ等のモバイル端末）　18．小説（紙媒体）　19．小説（電子書籍）　20．漫画（電子書籍）

問2　あなたの一日のテレビの視聴時間を教えて下さい。（録画も含む）（ひとつに○）
1．3時間以上　2．2～3時間　3．1～2時間　4．1時間以下　5．全く見ない

問3　あなたの一日のWeb上の動画の視聴時間を教えて下さい。（ひとつに○）
1．3時間以上　2．2～3時間　3．1～2時間　4．1時間以下　5．全く見ない

問4　あなたのWeb上のニュースの閲覧時間を教えてください。
1．3時間以上　2．2～3時間　3．1～2時間　4．1時間以下　5．全く見ない

問5　（問4で1～4のいずれかを選んだ方にお聞きします）Web上で閲覧するニュースのジャンルを教えてください。（あてはまるもの全てに○）
1．国内　2．国際　3．経済　4．エンタメ　5．スポーツ
6．IT/科学　7．生活　8．地域　9．その他（　　　　　　　　　　）

問6　あなたが定期的に購読している紙媒体のメディア（新聞・雑誌等）があれば教えてください。（記述）
新聞（　　　　　）（　　　　　）（　　　　　）
雑誌（　　　　　）（　　　　　）（　　　　　）

問7　スマートフォンで音楽を聴くことがありますか？
1．はい　　2．いいえ

問8　（問7で1.と答えた方にお聞きします）音楽を聴く際によく利用するアプリケーション名を教えて下さい。（複数記述可）
記入例：1．（YouTube）　2．（Google Play）　3．（LINE MUSIC）
1．（　　　　　　　）　2．（　　　　　　　）　3．（　　　　　　　　）

問9　あなたは映画館に行って映画を観ますか？（ひとつに○）
1．よく行く　2．たまに行く　3．行かない　4．利用したいと思わない

問10　あなたは自宅でDVDを借りて映画を観ますか？（ひとつに○）
1．借りてみる　2．たまに借りる　3．借りない

問11　動画配信サービスを契約して映画を観ていますか？（どちらかに○）
1．契約している　2．契約していない

問12　契約している動画配信サービスをすべて教えてください。（記述）
（記入例:Hulu、Netflix、GYAO!）
(　　　　　)(　　　　　)(　　　　　　)

アンケート集計総数307
男性127、女性174、非回答6
文教大学207、立教大学66、武蔵大学23、その他11
1年生66、2年生70、3年生36、4年生10、非回答125
※アンケートの空欄は集計結果に反映していない。このため回答者の総数は質問によって異なる。

問1 接触頻度が高いと思うメディア（複数回答）

選択肢	回答者数
1. TV	185
2. DVD	51
3. SNS	260
4. 動画サイト（定額）	95
5. 動画サイト（無料）	253
6. 漫画（単行本）	69
7. 漫画（雑誌）	18
8. CD	42
9. 音楽（定額）	72
10. 音楽（無料）	145
11. 新聞（紙媒体）	12
12. 新聞（Webサイト）	33
13. 雑誌（紙媒体）	29
14. 雑誌（Webサイト）	24
15. 映画（映画館）	45
16. ゲーム（家庭用ゲーム機、PC）	75
17. ゲーム（スマホ等のモバイル端末）	112
18. 小説（紙媒体）	55
19. 小説（電子書籍）	24
20. 漫画（電子書籍）	64

問2 一日のテレビ視聴時間

選択肢	回答者数
1. 3時間以上	31
2. 2～3時間	55
3. 1～2時間	79
4. 1時間以下	94
5. 全く見ない	47

問3 Web上での動画視聴時間

選択肢	回答者数
1. 3時間以上	63
2. 2～3時間	78
3. 1～2時間	89
4. 1時間以下	65
5. 全く見ない	9

問4 Web上でのニュース閲覧時間

選択肢	回答者数
1. 3時間以上	7
2. 2～3時間	9
3. 1～2時間	41
4. 1時間以下	213
5. 全く見ない	36

問5 Web上で閲覧するニュースのジャンル

選択肢	回答者数
1. 国内	181
2. 国際	114
3. 経済	84
4. エンタメ	194
5. スポーツ	84
6. IT/科学	45
7. 生活	86
8. 地域	28
9. その他	11

問6 購読している紙媒体のメディア

雑誌		新聞	
記述回答	回答者数	記述回答	回答者数
non-no	6	朝日新聞	11
mer	2	読売新聞	7
FUDGE	2	日本経済新聞	4
Oliie	2	The Japan Times	1
週刊少年ジャンプ	2	東京新聞	1
MEN'S NON-NO	2	週刊文春	1
週刊アスキー	1	毎日新聞	1
東洋経済	1	朝日中高生新聞	1
mini	1	東京スポーツ新聞	1
キャストサイズ	1		
Myojo	1		
ベルメゾン	1		
最強ジャンプ	1		
日経コンピュータ	1		
ViVi	1		
WIRED	1		
美的	1		
ar	1		

問 7　スマートフォンで音楽を聴きますか？

選択肢	回答者数
1. はい	289
2. いいえ	17

問 8　音楽を聴く際に利用するアプリ名

記述回答	回答者数
YouTube	187
Apple Music	94
Music FM	47
Spotify	24
LINE MUSIC	22
Music Box	12
ニコニコ動画	7
Amazon Music	6
Google Play	4
NicoBOX	4
Clip box	4
dヒッツ	3
AWA	3
Music Play	2
Sound Cloud	2
Xperia のプリセット	1
音楽ボックスω	1
Media Player（Android）	1
うたパス	1
FM	1

問 9　映画館へ行きますか？

選択肢	回答者数
1. よく行く	42
2. たまに行く	215
3. 行かない	50
4. 利用したいと思わない	111

問 10　自宅で DVD を借りて映画を観ますか？

選択肢	回答者数
1. 借りて観る	40
2. 借りてたまに観る	117
3. 借りない	150

問 11　動画配信サービスを契約して映画を見ていますか？

選択肢	回答者数
1. 契約している	112
2. 契約していない	194

問 12　契約している動画配信サービス

記述回答	回答者数
Amazon Prime Video	57
Netflix	32
Hulu	23
U-NEXT	8
dTV	5
bilibili	2
dアニメストア	2
GYAO!	2
Rakuten TV	1
FOD	1
WOWOW	1
Tencent	1
アニメ放題（ソフトバンク）	1
niconico 動画	1
DAZN	1
DMM	1
ビデオパス	1
ひかり TV	1
iQIYI	1
L MOVIE	1

「大学生のメディアの利用動向」の特徴についての要約

問題提起

アンケート結果から読み取れる大学生のメディアの利用動向の特徴

別の視点からのアンケート結果の分析

結論

(解答メモ)

Lesson 2

官庁・公的機関が刊行したデータの利用

　図書館の「白書」のコーナーを訪れ、自分の研究や関心に適したものがないかチェックすること。またWeb上で官庁や公的機関が公表している統計データや、新聞社や広告代理店等の民間機関が公開している世論調査や社会調査についても、自分の研究や関心に適したものをチェックし、どのような調査があるか把握しておくとよい。

　白書という言葉の起源は、英国の内閣が議会に提出する報告書の表紙が白い紙だったことによる。現代の日本でいう白書は、公的機関が刊行する年次報告を意味し、特に省庁が編集に関わった政府刊行物を指す。

　白書には官庁や公的機関が刊行した統計資料だけではなく、「通称」として「〜白書」と呼ばれるものや、出版物として「〜白書」という名称が付され、民間機関が刊行しているものもある。日本には民間機関が刊行している白書が多く、多くの図書館に専用の棚が配置されている。

　日本の省庁や公的な機関が刊行する主要な白書については、下記の国会図書館のサイトに一覧が記されているので、自分の研究や関心に沿ったものがれば、ひと通り目を通しておくとよい。

国会図書館「リサーチナビ」日本-白書・年報
〈https://rnavi.ndl.go.jp/politics/entry/JGOV-hakusyo.php〉（最終アクセス2019年2月9日）

国会図書館のサイトに記載されている白書の一覧

内閣官房「水循環白書」

人事院「公務員白書」

内閣府「経済財政白書」「原子力白書」「防災白書」「子ども・若者白書」「少

子化社会対策白書」「高齢社会白書」「障害者白書」「交通安全白書」「男女共同参画白書」「国民生活白書」

公正取引委員会「独占禁止白書」

警察庁「警察白書」「犯罪被害者白書」

個人情報保護委員会「年次報告」

金融庁「金融庁の1年」

消費者庁「消費者白書」

復興庁「東日本大震災からの復興の状況に関する報告」

総務省「地方財政白書」「情報通信白書」

公害等調整委員会「公害紛争処理白書」

消防庁「消防白書」

法務省「犯罪白書」「人権教育・啓発白書」

外務省「外交青書」「開発協力白書」

文部科学省「科学技術白書」「文部科学白書」

厚生労働省「厚生労働白書」「労働経済白書」「自殺対策白書」「過労死等防止対策白書」

農林水産省「食料・農業・農村白書」「食育白書」「農林水産省年報」

林野庁「森林・林業白書」

水産庁「水産白書」

経済産業省「通商白書」「ものづくり白書」「経済産業省年報/通商産業省年報」

資源エネルギー庁「エネルギー白書」

特許庁「特許行政年次報告書／特許庁年報」

中小企業庁「中小企業白書」「小規模企業白書」

国土交通省「国土交通白書」「土地白書」「首都圏白書」「水資源白書」「交通政策白書」

海難審判所「レポート海難審判／海難レポート/海難審判の現況」
運輸安全委員会「運輸安全委員会年報」
観光庁「観光白書」
海上保安庁「海上保安レポート／海上保安の現況」
環境省「環境白書」
原子力規制委員会「年次報告」「原子力安全白書」
防衛省「防衛白書」

　情報・メディア・コミュニケーションに関係する研究者や学生には以下の民間機関が発行する「白書」もお勧めできる。

・電通メディアイノベーションラボ編『情報メディア白書』、ダイヤモンド社、2018年、pp.1-272

・インターネット白書編集委員会編『インターネット白書』、インプレスR&D、2018年、pp.1-324

・一般社団法人デジタルコンテンツ協会編、経済産業省商務情報政策局監修『デジタルコンテンツ白書』、一般財団法人デジタルコンテンツ協会、2018年、pp.1-192

ポイント

・省庁や公的な機関が刊行する白書は税金を使用した調査を通して作られたものである。このため、中央省庁や公的な機関がどのような調査を行い、どのようなデータを公表しているかについて把握しておくことは、メディア・リテラシーと関係の深い「情報の自治」の観点か

ら考えても重要である。(2019年には厚生労働省の物価等に関する「統計不正」が大きな問題となった。)

・大学で指導を受けた(ている)教員や先輩に「よい統計データ」へのアクセス方法について質問することもよいデータを得る上で重要である。自分が所属している学部や学科、研究科で発行された先輩たちの論文が参照している公的なデータのリストを参考にするのも、よい情報収集の方法である。

演習2

図書館で『情報メディア白書』、『インターネット白書』、『デジタルコンテンツ白書』のいずれかを手に取り、新聞・出版・音楽・映画・アニメーション・ゲーム・ラジオ・テレビ・広告のカテゴリーの中からひとつを選び、ひと通り目を通すこと。その上で選んだカテゴリー(メディア業界)に関係する調査結果やデータの中から5つを選び、そこから読み取れる「注目するべき傾向」について、起承転結の形式を用い800字で論じること。

選んだ白書

選んだメディア

注目すべき点

調査結果から読み取れる「注目すべき動向」

別の視点からの調査結果の分析

結論

（解答メモ）

演習3

スマートフォンを用いて総務省「平成30年版 情報通信白書」[*1]の第5章 第1節「ICT産業の動向」に目を通し、自分の関心のある「メディア産業」の動向について、5つの調査データを選び、そのデータから読み取れる特徴を分析すること。その上で関心のあるメディア産業が有する将来性について、具体的な調査結果やデータをもとにして、起承転結の形式を用い800字で自己の考えをまとめること。なお参考資料として「平成30年版 情報通信白書」より5つの主要な調査データを下に引用する。

*1 総務省「平成30年版 情報通信白書」〈http://www.soumu.go.jp/johotsusintokei/whitepaper/ja/h30/pdf/index.html〉（最終アクセス2019年2月9日）

参考データ

1 主な産業の市場規模（名目国内生産額 2016年） 出典：「平成30年版 情報通信白書」（総務省）総務省「ICTの経済分析に関する調査」（平成30年調査）P.208より作成

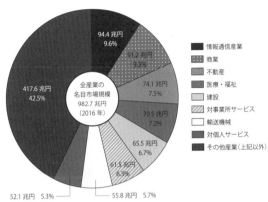

主な産業の市場規模

2 情報通信業の売上高 出典：「平成30年版 情報通信白書」（総務省）総務省・経済産業省「平成29年情報通信業基本調査」P.215より作成

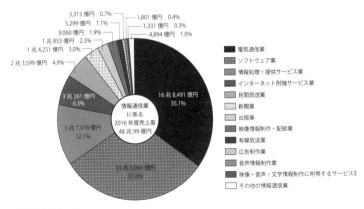

情報通信業の売上高

3 労働生産性、労働装備率、労働分配率の状況　出典：「平成30年版　情報通信白書」(総務省)
総務省・経済産業省「平成29年情報通信業基本調査」P.217より作成

	企業数			労働生産性（万円/人）			労働分配率（％）		
	2015年度	2016年度	前年度比（％）	2015年度	2016年度	前年度比（％）	2015年度	2016年度	前年度差（pt）
電気通信業	379	356	-6.1	5,258.9	4,648.5	-11.6	11.7	13.3	1.6
民間放送業	390	374	-4.1	1,975.8	2,104.8	6.5	37.5	34.3	-3.2
有線放送業	221	218	-1.4	2,689.9	2,811.4	4.5	19.9	18.4	-1.5
ソフトウェア業	2,880	2,930	1.7	995.2	997.4	0.2	59.2	58.9	-0.4
情報処理・提供サービス業	1,720	1,776	3.3	819.6	818.5	-0.1	57.8	57.2	-0.5
インターネット附随サービス業	706	687	-2.7	2,031.9	1,468.7	-27.7	30.1	38.9	8.9
映像情報制作・配給業	431	451	4.6	1,245.3	1,218.0	-2.2	50.8	49.5	-1.3
音声情報制作業	102	113	10.8	1,442.4	1,402.6	-2.8	30.1	32.7	2.7
新聞業	128	125	-2.3	1,408.3	1,369.0	-2.8	57.4	58.4	1.0
出版業	349	351	0.6	1,202.3	1,097.9	-8.7	54.6	56.7	2.0
広告制作業	148	144	-2.7	1,072.3	1,303.8	21.6	56.8	54.1	-2.7
映像・音声・文字情報制作に附帯するサービス業	156	158	1.3	957.5	926.4	-3.2	61.5	62.4	0.9
テレビジョン・ラジオ番組制作業	364	379	4.1	1,146.9	1,134.2	-1.1	56.2	54.4	-1.8
全体	5,474	5,519	0.8	1,502.7	1,332.0	-11.4	37.1	41.2	4.2

労働生産性、労働準備率、労働配分率の状況

4　我が国のコンテンツ市場の内訳（2016年）　出典：「平成30年版　情報通信白書」(総務省) 総務省情報通信政策研究所「メディア・ソフトの制作及び流通の実態に関する調査」P.230より作成

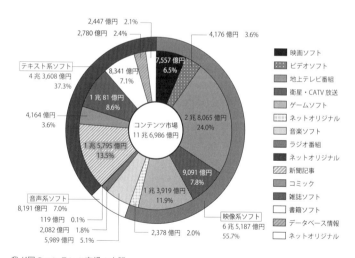

我が国のコンテンツ市場の内訳

5　通信系コンテンツ市場の内訳（2016年）　出典：「平成30年版　情報通信白書」(総務省) 総務省情報通信政策研究所「メディア・ソフトの制作及び流通の実態に関する調査」P.232より作成

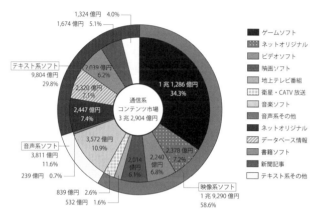

通信系コンテンツ市場の内訳

着目点・問題提起

データから読み取れる特徴

別の視点からのデータの分析

将来性

（解答メモ）

第13回

社会調査（量的調査、質的調査の基本）と論拠・データをもとにした論文の書き方

この回の目標

インタビュー調査やアンケート調査について、基本的な方法論を理解する。また調査結果や統計データの活用の仕方について学ぶ。演習問題を通して以上2つのポイントを押さえつつ、将来の日本のメディア産業のあり方について説得力のある論拠をもとにした論文を記すためのトレーニングを積む。

授業の問い

複雑に社会的な機能が分化した現代社会について理解を深め、説得力のある論拠をもとにした文章を書くためには、客観的な社会調査の結果や統計データを参照した文章演習が必要ではないだろうか？

Lesson 1

社会調査の方法

統計データの分析やアンケート用紙を用いた調査、インタビューによる面接調査は、広い意味の社会調査に含まれる。社会調査は、社会で生起する物事や人々の価値観、無意識的な傾向などを、客観的に知るための方法である。社会調査に様々な方法があることを理解し、研究目的に適した調査方法を選択することが重要である。

社会調査は英語ではsocial research やsocial surveyと呼ばれる。社会調査に関して、厳密な分類があるわけではない。量的調査は、定量的研究とも呼ばれ、英語ではquantitative researchと呼ばれる。質的調査は定性的研究とも呼ばれ、英語ではqualitative researchと呼ばれる。

社会調査の種類についての分類は様々存在するが、その方法については、客観的な統計データや調査データを分析の対象とする量的調査と、フィールドワークや参与観察を通して得た事例を分析の対象とする質的調査に大別することができる。

実施主体による社会調査の分類

　広い意味での「社会調査」については、実施主体に応じて下記のように分類することができる。

・「白書や年報」の刊行に関係する公的な調査……行政調査
・経済の動向や市場トレンドを知るための民間団体の調査……市場調査
・人々の政治的な関心や価値観を知るための「メディア」を中心とした調査……世論調査
・研究者が特定の研究関心に応じて実施する調査……狭い意味での社会調査

調査方法による社会調査の分類

　社会調査の学術上の分類は、サンプル調査であるか全数調査であるかなど様々存在する。調査方法に即して分類すると、社会調査は概ね下記のA〜Gに分類することができる。

A　相対的に少数の事例を対象とした「事例調査」
B　大人数の傾向を対象とした「統計調査」
C　調査対象とする集団に入り、関係を密にしながら行う「参与観察やフィールドワーク」
D　特定の集団に対して、口頭で質問をしてその反応を分析する「面接調査（インタビュー調査）」
E　事前に準備した質問をもとにした「自記調査（アンケート調査）」
F　新聞記事や雑誌記事、自由記述のアンケートや、ニュース報道やテレビ番組などの特徴や傾向を分析する「内容分析」
G　Web上で公開されているSNSやブログなど大量の文書を自然言語処理にかけて、おおよその傾向やトレンドを探る「テキスト・マイニング」

演習1

下記は著者がゼミを担当している文教大学・立教大学・武蔵大学で実施した「大学生のメディアの利用動向に関するアンケート」の設問と集計結果[*1]（スマートフォンの利用動向に関する部分を一部抜粋）である。この結果から読み取れる「大学生のメディアの利用動向」の特徴について、600字で要約を作成した上で、起承転結の形式を用いて、自己の分析を600字でまとめること。

[*1] 文教大学酒井信研究室「大学生のメディア受容に関する調査」 2018年12月16日〜2018年12月22日実施〈大学生のメディアの利用動向に関するアンケート（スマートフォンの利用動向に関する部分を一抜粋）〉

問1　あなたがWeb上の情報を閲覧するために利用しているメディア端末を教えて下さい。（あてはまるもの全てに○）
1．スマートフォン　2．ガラパゴス携帯（ガラケー）　3．パソコン
4．タブレット端末　5．その他（　　　　）　6．利用していない

問2　（問1で1.を選んだ方にお聞きします。）あなたの使っているスマートフォンのメーカー名を教えてください。（記述）
（　　　　　　）（記入例：Apple、SONYなど）

問3　その機種名を教えてください。（記述）
（　　　　　　）（記入例：iPhone6s、XperiaXZ3など）

問4　次のSNSについて、どのくらいの頻度で利用しているか教えてください。この場合の利用とは閲覧のみの利用も回数に含みます。（あてはまる欄に○）
Facebook　1．ほぼ毎日　2．週3〜5日程度　3．週1〜2日程度
4．週1より少ない　5.全く利用しない

Twitter　1．ほぼ毎日　2．週3〜5日程度　3．週1〜2日程度
4．週1より少ない　5.全く利用しない

Instagram　1．ほぼ毎日　2．週3〜5日程度　3．週1〜2日程度
4．週1より少ない　5.全く利用しない

LINE　1．ほぼ毎日　2．週3〜5日程度　3．週1〜2日程度
4．週1より少ない　5.全く利用しない

問5　あなたが利用しているSNSの1日当たりの書き込み数を教えてください。複数利用している場合は1番利用頻度の高いSNSの書き込み数をお答えください。（Twitterのリプライも含む）

問1　Web閲覧に使うメディア端末

選択肢	回答者数
1. スマートフォン	296
2. ガラケー	2
3. パソコン	138
4. タブレット端末	31
5. その他	0
6. 利用していない	1

問2 スマートフォンのメーカー名

記述回答	回答者数
Apple	242
SONY	31
Samsung	8
SHARP	7
HUAWEI	5
富士通	1
ZTE	1
Google	1

問3　スマートフォンの機種名

記述回答	回答者数	記述回答	回答者数
iPhone7	72	iPhone7 plus	1
iPhone8	67	Xperia XZ Premium	1
iPhone6s	43	Xperia XZ Premium SO-04J	1
iPhoneX	16	arrows	1
iPhone6	14	Xperia X Performance SO-04H	1
Xperia	12	Xperia X2	1
iPhoneSE	10	ASUS	1
iPhoneXs	5	AXON7	1
iPhone8plus	5	SCV40	1
Xperia XZ	5	Galaxy S9	1
Galaxy S7 Edge	4	Galaxy Note8	1
iPhoneXR	3	iPhone5s	1
iPhone	3	iPhone6s plus	1
AQUOS	3	Galaxy S7	1
Xperia XZ1	2	AQUOS PHONE	1
Xperia X Compact	2	nova2	1
android one	2	P10 lite	1
XPeriaZ5	2	P20 Pro	1
Galaxy	2	Pixel3	1

1. 全く書き込まない　2. ほとんど書き込まない　3. 1〜2回　4. 3〜5回　5. 6〜10回　6. それ以上

問6　SNSに書き込む情報の質について教えて下さい。複数利用している場合は一番利用頻度の高いSNSの書き込み数をお答えください。（ひとつに○）

1. どちらかというと自己の経験を率直に記している
2. どちらかというと友人や他人に見せたいことを限定しながら記している
3. どちらかというと友人や他人との関係を気遣うこと意識しながら記している
4. どちらかというと世の中に対する意見を述べることを意識しながら記している
5. 基本的にSNSに書き込みはしない

問7　SNSであなたがフォローしている人の数を教えてください。複数のSNSを利用している場合は一番利用頻度の高いSNSでフォローしている人の数についてお答えください。（記述）
（　　　　　　）人

問8　SNS上のコミュニケーションの質について教えて下さい。（ひとつに○）
1. どちらかというと有意義な情報を交換す

問4　SNSの利用頻度

選択肢	回答者数
Facebook	
1. ほぼ毎日	7
2. 週3〜5日程度	11
3. 週1〜2日程度	19
4. 週1日より少ない	32
5. 全く利用しない	217
Twitter	
1. ほぼ毎日	213
2. 週3〜5日程度	25
3. 週1〜2日程度	15
4. 週1日より少ない	14
5. 全く利用しない	39
Instagram	
1. ほぼ毎日	192
2. 週3〜5日程度	16
3. 週1〜2日程度	12
4. 週1日より少ない	12
5. 全く利用しない	68
LINE	
1. ほぼ毎日	285
2. 週3〜5日程度	15
3. 週1〜2日程度	4
4. 週1日より少ない	3
5. 全く利用しない	0

問5　SNSの一日の書き込み数

選択肢	回答者数
1. 全く書き込まない	54
2. ほとんど書き込まない	127
3. 1〜2回	73
4. 3〜5回	26
5. 6〜10回	8
6. それ以上	18

問6　SNS上の情報の質

選択肢	回答者数
1. 自己の経験に率直	107
2. 友人や他人に見せたいことを限定	61
3. 友人や他人との関係を気遣うことを意識	41
4. 世の中に対する意見を述べることを意識	7
5. 基本的にSNSに書き込みをしない	87

問7　SNSでフォローしている人の数

友人の数	回答者数
0-100人	84
101-200人	60
201-300人	61
301-400人	30
401-500	21
501-600	11
601-700	11
701-800	3
801-900	4
901-1000	2
1001人以上	8

問8　SNS上のコミュニケーションの質

選択肢	回答者数
1. 有意義な情報交換ができている	146
2. 有意義な人間関係を構築するのに役立っている	89
3. 無意味な情報交換をしている	47
4. 無意味な人間関係を構築するのに役立っている	19

ることができている

2．どちらかというと有意義な人間関係を構築することに役立っている

3．どちらかというと無意味な情報を交換している

4．どちらかというと無意味な人間関係を構築することに役立っている

問9　SNS上のコミュニケーションで生じたトラブルについて教えて下さい。(ひとつに○)

1．友人関係に支障をきたすようなトラブルを経験したことがある。

2．恋愛関係に支障をきたすようなトラブルを経験したことがある。

3．サークルなどのコミュニティの維持に支障をきたすようなトラブルを経験したことがある。

4．その他(具体的な事例：　　　　　)

5．ない

問10　Web上で登録した個人情報の流出の経験の有無について教えて下さい。(あてはまるもの全てに○)

1．メールで個人名を特定した勧誘や営業を受けたことがある

2．メールアドレス以外の情報(住所、電話番号等)を特定され、勧誘や営業を受けたことがある

問9　SNS上のトラブルの有無

選択肢	回答者数
1. 友人関係に支障をきたすトラブル	52
2. 恋愛関係に支障をきたすトラブル	15
3. サークルなどのコミュニティの維持に支障をきたすトラブル	14
4. その他	2
5. ない	216

問10　個人情報の流失経験

選択肢	回答者数
1. メールで個人を特定した勧誘や営業を受けた	38
2. メールアドレス以外の情報を特定され、勧誘や営業を受けた	21
3. メールアドレス以外の情報を特定され、金銭的な被害を被った	5
4. その他	0

3.　メールアドレス以外の情報（住所、電話番号等）を特定され、金銭的な被害を被ったことがある

4.　その他（具体的な事例：　　　　　　　　）

※アンケートのサンプル数等の情報は第12回記載の通り。

注目した設問と回答の特徴

アンケート結果から読み取れる大学生のメディアの利用動向

別の視点からのアンケート結果の分析

自分の考え

（解答メモ）

演習2

スマートフォンの利用の仕方を詳しく把握するために、具体的に5つの質問を作成すること。質問に即したインタビュー調査を10人に対して実施し、その結果を集計して、各400字で簡潔な分析を加えること。

調査テーマ

質問1
調査結果
結果の分析
（解答メモ）

質問2
集計結果
結果の分析
（解答メモ）

質問3

集計結果

結果の分析

(解答メモ)

質問4

集計結果結果

結果の分析

(解答メモ)

質問5

集計結果

結果の分析

(解答メモ)

Lesson 2

公的調査とデータ・バイアス

　社会調査の方法の多様性を念頭に置いた上で、公的な調査や統計データの有用性とそこに存在するバイアスについて理解を深める。どんなに上手く準備された社会調査の結果にも、バイアスが介在する余地があることを念頭に置く。

　バイアス (bias) とは、社会調査では質問に対する回答に偏りを与えるものの総体を指す。具体的には人々の考え方や価値観に影響を与える先入観や偏見を意味する。一般にマス・メディアの偏った報道傾向については、メディア・バイアス (Media Bias) と呼ばれる。

　Web上でユーザーが自由に記入している書き込みの中にも、虚偽情報がバイアスとして一定程度は存在する。具体的には、少数の人間が多くのコメントを書き込んで議論を誘導するといったバイアスや、有償で人が雇われ、特定の方向にイメージが誘導されるといったバイアスが存在する。

　日本語でステルス・マーケティングと呼ばれ、英語でUndercover Marketingと呼ばれるマーケティング手法は、一般の人々に広告と気付かれにくいような形で、イメージの誘導や操作を行うことを目的としている。ステルス・マーケティングには、政治的なマーケティングも含まれる。

　国際的なルールでは、ステルス・マーケティングは不適切なマーケティング手法であり、イメージの誘導や操作を行う企業や団体は、それが広告であることを明示した上で広報活動を行う必要がある。

　行政や一般企業の広報活動の中にも、政治的なバイアスや省庁や企業の利害に即したバイアスがかかっているものが散見される。私たちは公共性が高いと見なされている情報についても、リテラシーを持って接する必要がある。

演習3

スマートフォンを用いて総務省「平成30年版　情報通信白書」[*2]の第5章　第2節「ICTサービスの利用動向」に目を通し、自分の関心のある「ICTサービス」の動向について、5つの調査データを選び、そのデータから読み取れる特徴と、社会調査上のバイアスの双方を分析すること。その上で、関心のある「ICTサービス」の将来性について、具体的な調査結果やデータをもとにして、起承転結の形式を用い800字で自己の考えをまとめること。なお参考資料として「平成30年版　情報通信白書」より5つの主要な調査データを下に引用する。

[*2]　総務省「平成30年版　情報通信白書」
〈http://www.soumu.go.jp/johotsusintokei/whitepaper/ja/h30/pdf/index.html〉
（最終アクセス2019年2月9日）

参考データ

1　情報通信機器の世帯保有率の推移　出典:「平成30年版　情報通信白書」(総務省) 総務省「通信利用動向調査」P.235より作成

単位：%

	平成20年	平成21年	平成22年	平成23年	平成24年	平成25年	平成26年	平成27年	平成28年	平成29年
固定電話	90.9	91.2	85.8	83.8	79.3	79.1	75.7	75.6	72.2	70.6
スマートフォン	-	-	9.7	29.3	49.5	62.6	64.2	72.0	71.8	75.1
パソコン	85.9	87.2	83.4	77.4	75.8	81.7	78.0	76.8	73.0	72.5
タブレット型端末	-	-	7.2	8.5	15.3	21.9	26.3	33.3	34.4	36.4

情報通信機器の世帯保有率の推移

2　年齢階層別ソーシャルネットワーキングサービスの利用状況　出典:「平成30年版　情報通信白書」(総務省) 総務省「通信利用動向調査」p.240より作成

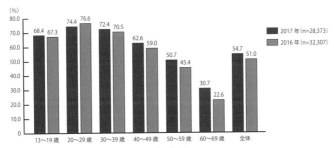

年齢階層別ソーシャルワーキングサービスの利用状況

3　コンテンツ関連の1世帯当たりの年間消費支出額　出典:「平成30年版　情報通信白書」(総務省) 総務省「家計調査」(総世帯) p.267より作成

単位：円

	2010年	2011年	2012年	2013年	2014年	2015年	2016年	2017年
映画・演劇等入場料	6,677	5,843	6,138	6,112	6,453	5,786	6,504	6,818
放送受信料	22,723	23,537	23,651	23,620	23,966	24,130	25,112	25,692
テレビゲーム	3,259	2,637	2,922	2,432	2,229	1,846	1,978	2,771
書籍・他の印刷物	46,214	45,411	44,339	43,364	42,646	40,795	40,281	39,303
音楽・映像収録済メディア	4,225	4,158	3,517	3,466	3,011	2,669	3,673	3,060
合計	83,098	81,586	80,567	78,994	78,305	75,226	77,548	77,644

コンテンツ関連の1世帯あたりの年間消費支出額

4　主なメディアの平均利用時間と行為者率　出典:「平成30年版　情報通信白書」(総務省) 総務省情報通信政策研究所「平成29年情報通信メディアの利用時間と情報行動に関する調査」p.268より作成

単位：分

		平日1日					休日1日				
		テレビ(リアルタイム)	テレビ(録画)	ネット利用	新聞閲読	ラジオ聴取	テレビ(リアルタイム)	テレビ(録画)	ネット利用	新聞閲読	ラジオ聴取
10代	2013	102.5	17.9	99.1	0.6	0.1	140.7	40.1	151.7	0.5	0.4
	2014	91.8	18.6	109.3	0.7	0.2	147.4	45.0	180.5	4.1	1.3
	2015	95.8	17.1	112.2	0.2	2.6	155.8	30.6	221.3	0.4	0.6
	2016	89.0	13.4	130.2	0.3	3.5	122.9	25.9	225.7	0.9	0.5
	2017	73.3	10.6	128.8	0.3	1.5	120.5	20.6	212.5	0.5	3.6
20代	2013	127.2	18.7	136.7	1.4	3.6	170.7	35.7	170.3	1.7	0.4
	2014	118.9	13.8	151.3	2.4	9.4	161.4	24.4	194.9	2.8	3.4
	2015	128.0	15.8	146.9	2.1	6.4	155.4	34.6	210.0	2.0	4.4
	2016	112.8	17.9	155.9	1.4	16.8	152.7	26.0	216.1	3.2	8.9
	2017	91.8	13.9	161.4	1.4	2.0	120.3	26.6	228.8	2.4	2.9
30代	2013	157.6	18.3	87.8	5.8	17.7	221.0	23.7	93.8	6.7	2.6
	2014	151.6	15.6	87.6	4.1	5.4	197.5	35.2	101.7	4.9	3.1
	2015	142.4	20.3	105.3	3.5	15.3	197.1	36.9	131.3	5.1	9.2
	2016	147.5	18.6	115.3	3.8	15.4	202.5	34.8	119.5	3.9	3.2
	2017	121.6	15.3	120.4	3.5	4.3	166.9	26.4	136.0	3.8	2.8
40代	2013	143.4	13.3	70.0	8.6	22.6	204.3	28.3	73.3	11.6	11.8
	2014	169.5	14.2	82.5	9.3	19.4	233.9	28.8	82.9	12.5	9.6
	2015	152.3	15.8	93.5	8.8	13.7	208.6	34.9	91.9	9.8	5.9
	2016	160.5	23.2	97.7	8.0	17.2	222.4	48.1	117.1	10.1	4.5
	2017	150.3	19.8	108.3	6.3	12.0	213.3	31.6	109.2	7.6	4.7
50代	2013	176.7	20.3	61.8	18.6	20.2	254.2	38.3	50.0	19.3	10.0
	2014	180.2	18.4	68.0	16.3	13.5	265.3	37.8	73.7	19.1	14.3
	2015	219.8	18.6	74.7	17.0	10.7	300.1	35.7	70.4	18.0	11.3
	2016	180.6	17.0	85.5	14.4	19.8	250.4	29.7	80.1	15.6	8.4
	2017	202.0	19.1	77.1	16.3	19.5	265.7	30.8	82.4	16.1	7.4
60代	2013	257.0	19.8	36.7	28.0	20.5	305.7	24.0	29.3	31.8	11.9
	2014	256.4	17.8	32.2	31.3	40.3	310.3	19.6	33.5	33.4	33.2
	2015	257.6	22.6	35.7	29.6	30.6	317.1	29.7	37.1	33.2	31.7
	2016	259.2	18.4	46.6	25.8	23.4	325.1	26.7	43.3	28.9	15.5
	2017	252.9	20.0	38.1	25.9	17.3	320.7	23.6	44.6	33.0	10.2
全年代	2013	168.3	18.0	77.9	11.8	15.9	225.4	30.5	86.1	13.5	7.0
	2014	170.6	16.2	83.6	12.1	16.7	228.9	30.5	100.6	14.2	12.2
	2015	174.3	18.6	90.4	11.6	14.8	231.2	33.9	113.7	13.0	11.9
	2016	168.0	18.7	99.8	10.3	17.2	225.1	32.9	120.7	11.9	7.4
	2017	159.4	17.2	100.4	10.2	10.6	214.0	27.2	123.0	12.2	5.6

主なメディアの平均利用時間

5 主な機器によるインターネット利用時間と行為者率　出典:「平成30年版　情報通信白書」(総務省) 総務省情報通信政策研究所「平成29年情報通信メディアの利用時間と情報行動に関する調査」p.270より作成

単位：分

		平日1日			休日1日		
		PC	モバイル	タブレット	PC	モバイル	タブレット
10代	2013	17.4	81.7	4.7	21.4	126.4	13.6
	2014	14.3	86.6	7.4	32.5	140.9	13.1
	2015	14.0	94.7	4.7	42.3	172.1	10.3
	2016	15.2	108.2	12.5	15.6	192.7	20.5
	2017	8.5	114.9	6.3	26.3	172.3	17.3
20代	2013	48.6	91.3	2.2	48.5	123.1	3.0
	2014	44.3	106.5	4.3	52.3	142.7	7.3
	2015	43.0	103.7	8.6	40.8	166.0	11.5
	2016	31.4	124.8	6.3	43.0	177.7	6.5
	2017	43.9	114.7	6.3	42.9	179.8	10.9
30代	2013	28.1	57.0	3.2	29.0	60.6	5.0
	2014	27.3	57.0	4.3	16.7	78.1	6.6
	2015	36.9	65.3	5.4	31.5	93.3	9.9
	2016	44.1	67.3	6.5	20.3	95.5	7.2
	2017	43.5	75.7	6.3	26.7	97.8	12.9
40代	2013	40.6	29.7	3.8	33.9	36.6	4.8
	2014	38.5	42.4	3.1	24.7	53.3	3.7
	2015	43.7	51.2	3.0	19.5	69.3	3.7
	2016	35.3	58.7	8.2	27.9	79.8	8.3
	2017	46.0	63.5	4.5	24.8	77.0	5.8
50代	2013	37.4	20.9	4.2	26.7	19.3	3.0
	2014	33.5	33.2	3.1	32.5	42.6	3.1
	2015	40.0	31.5	3.3	29.1	37.7	5.0
	2016	44.6	38.1	5.0	34.1	40.3	7.5
	2017	30.2	43.3	6.4	20.5	51.8	8.5
60代	2013	27.6	8.6	1.8	18.0	7.9	2.9
	2014	22.2	9.1	1.3	22.7	8.5	3.0
	2015	24.0	9.7	1.9	21.2	12.6	2.7
	2016	32.8	11.7	2.4	23.3	16.6	3.4
	2017	18.3	16.0	3.0	20.0	21.2	4.6
全年代	2013	34.1	43.2	3.2	29.6	53.7	4.7
	2014	30.9	50.5	3.5	28.9	68.5	5.4
	2015	35.0	53.8	4.2	28.9	80.6	6.6
	2016	35.5	61.3	6.3	27.7	87.3	7.9
	2017	33.5	64.7	5.3	26.2	88.6	9.1

主な機器によるインターネット平均利用時間

「ICTサービス」の動向について着目した点

特徴

バイアス

結論

(解答メモ)

第14回

ジャーナリズムと報道現場の

メディア・リテラシー

この回の目標

　公共性を育み、コミュニティの自治に寄与するためのジャーナリズムの役割とは何だろうか。この回は新聞を中心とする報道に関わるメディア産業が直面している問題について理解を深め、公共性の高い文章表現について学ぶ。また権力を監視し、公共性の高い情報の流通を維持する方法について考えながら、スマートフォン上でニュースを閲覧することが一般化した現代社会において「ニュース価値」を決める指標とは何かについて、演習問題を通して理解を深める。

授業の問い

　なぜスマートフォン上で無料のニュースを読むことが一般化した時代に、新聞社や出版社が配信する有料のニュースを通して、世界や社会について理解を深める必要があるのだろうか？　ニュース価値の高低はどのような指標をもとにして決められているのだろうか？　ジャーナリストが配信するニュースを読み、世界や社会を理解するために必要なメディア・リテラシーとはどのようなものだろうか？

Lesson 1

「ジャーナリズム」の役割

「コミュニティの情報の自治」に寄与するための「ジャーナリズム」の必要性について理解を深める。公共性は、不確実性が高まった社会においては、放っておくと衰退していく。「コミュニティ」を維持するために必要な情報を公開し、必要な論点をわかりやすく伝達する活動＝ジャーナリズムは、情報技術が進歩した現代においても重要である。

「ジャーナリズム」に関する基礎知識

　ジャーナリズムという言葉は日刊を意味するラテン語の「diurna」

(ディウルナ)に起源を持つ言葉である。時事的な情報や意見を、マス・メディアを通して市民に伝達する活動の総体を指す。

米国のジャーナリズムに関する教育機関で教科書として使われてきたBill KovachとTom Rosenstielの"THE ELEMENTS OF JOURNALISM"の定義によると、ジャーナリズムの存在意義は次の一節に要約できる。「ジャーナリズム本来の目的は、一般市民が自由に生活し、コミュニティの自治を行う上で必要な情報を提供することにある」[*1]と。

このようなジャーナリズムの役割に関する定義は日本のジャーナリストには、ほとんど理解されていないものである。

ジャーナリズムとは、第一に「一般市民の自由と自治」に寄与するものであり、人々を動員して国民的な世論を形成することよりも、「コミュニティの情報の自治」に貢献するものに他ならない。「一般市民は顧客ではない」「真実には多様なルーツがある」とも上述の教科書には記されている。

*1 Kovach, B., Rosenstiel, T. (2014). *The Elements of Journalism*, Revised and Updated 3rd Edition: What Newspeople Should Know and the Public Should Expect. New York City, NY: Three Rivers Press

メディアが直面する問題

部族社会から現代社会に至るまで、私たち人間は外界で起こる様々な出来事について、「ニュース」を通して関心を抱いてきた。どのような文明においても、人々は自分が属するコミュニティの内外の噂話に関心を示し、自らが直接見聞きした物事以上のことを語り合いながら、満足感や安心感を得てきた。

現代社会で生じている「ニュースの娯楽化」の起源は、部族社会にまでさかのぼる。2016年の米国大統領選挙でドナルド・トランプが当選した背景にも、大統領選挙期間中に、視聴率の取れるトランプのメディアでの露出度が、ヒラリー・クリントンの露出度を大きく上

回っていたことが影響している。批判や噂話も含めて、多くの米国市民がトランプに関心を抱いたのである。

　日本でも民放のニュース番組だけではなく、NHKのニュース番組も視聴率の獲得を意識した内容になっており、娯楽化が著しい。NHKが「公共放送」であることを考えれば、国営放送のBBCが一定程度はその傾向を有しているように、「これを観ておけば日本とその外側の世界を生きていく上で必要な知識を得ることができる」という「情報の敷居を上げる」方向へシフトする必要があると私は考える。

ポイント

・公共性は、グローバル化の影響で金・人・物の流動性が高まった社会では放っておくと衰退していく。日本でも基礎自治体の「自治の意識」が弱まっており、コミュニティの維持の困難に直面している。私たちが属する公共圏の問題について、私たち自身が関心を持ち、具体的な解決策を模索し、関与することなしには、コミュニティは衰退していく一方である。

・「情報の自治」の問題は、情報技術の進歩では解決できない。例えばGoogleは、検索サイトとして多くの情報を媒介し、伝達しているが、自ら取材をして、事実を検証した上で情報を媒介しているわけではない。現状ではGoogleは人々の情報に「ただ乗り」する傾向が強く、「新たな情報メディア」としての責任を十分に果たしているとは言い難い。

・米国の新聞は、ニューヨーク・タイムズであれ、シカゴ・トリビューンであれ、有名な新聞も基本的には「地方紙」である。この背景には「コミュニティの情報の自治」に寄与することがジャーナリズムの使命であるという考え方が存在している。

・イタリアではローマのような大都市と、人口数十人の村が同レベルの基礎自治体として存在している。このため例えば道路を整備したり、ガードレールを設置するなど景観に関わる問題など、住民にとって重要な問題の多くをコミュニティで話し合って決めることができる。

・英国でも地域に根ざした「自治」意識は根強く、基礎自治体＝パリッシュが主体となって地域の問題の多くを、住民たちの意見を直接聴取しながら決めている。町の小学校など公共施設がコミュニティの会議に利用されることも多い。

・スイスでは人口が少ないこともあり、直接民主主義が重視され、山の斜面の草の長さや走行可能な車両の大きさまで、コミュニティで管理している。スイスが観光大国と呼ばれるのは、住民の高い自治意識の下で景観を保全することで、観光地としての魅力を維持しているからである。

・上記のような「コミュニティの情報の自治」を保全する取り組みは日本でも容易に実施することができるものである。"THE ELEMENTS OF JOURNALISM"の内容を踏まえれば、ジャーナリズムの一義的な役割は、このような基礎自治体の「情報の自治」に寄与すべく、コミュニティの維持のために重要な情報を報道することにある。

演習1
自分が属してきたコミュニティ（地域、学校、課外活動等）で「集合的記憶」として継承されている重要なニュース（出来事）を2つ挙げ、20字以内で見出しを付し、各400字でその概要について報道（説明）すること。

集合的記憶1

見出し

（解答メモ）

集合的記憶2

見出し

（解答メモ）

Lesson 2
「新聞とニュース」に関する基礎知識

　日本では新聞の発行部数の減少幅は、米国など他国に比べるとゆるやかである。しかし広告収入や販売収入の減少は著しく、ビジネスモデルの転換が必要とされる。ただ公共性の高い情報の流通をどのような仕組みで維持するかについては、有料の新聞と無料のニュースとの間の自由競争を促進するだけでは不十分である。私たちは「情報の自治」の観点から、「正確性の高い情報インフラの維持」について考えを深める必要がある。

　日本の新聞の特徴は、月極（つきぎめ）の宅配制度に象徴される。海外では大都市のみで新聞の宅配が行われるのが一般的であるが、日本では地方でも新聞は宅配される。日本の新聞は書籍や雑誌、音楽ソフトと同様に

再販売価格維持の対象となっているため、他国に比べて相対的に高い価格だが、宅配の付加価値は高い。

　日本の新聞社は、日中戦争時には約1200紙存在していたが、その後の国家統制で「一県一紙」体制が目指され、57紙に統合された歴史を有する。戦後、新聞は再販売価格維持の対象となり、販売の促進に多額の資金が投じられてきたこともあり、全国紙は世界でもトップクラスの発行部数を維持してきた。しかし近年ではスマートフォン上でニュースを読む人々が増加し、新聞の発行部数は減少の一途をたどっている。

　新聞社は長らくメディア産業の中心と見なされ、強い影響力を有してきた。しかし近年では発行部数と広告収入が落ち、メディアとしての影響力が低下している。週刊誌と同様に、購読者の平均年齢が高いため、紙面も年配向けの作りになっている印象を受ける。第12回で取り上げたアンケートの結果の通り、多くの大学生が全く新聞を読んでいないのが現状である。

新聞社の総売上高と収入の内訳

2017年度　総売上高17122億円（販売収入9900億円、広告収入3551億円、その他3672億円）

2012年度　総売上高19156億円（販売収入11519億円、広告収入4458億円、その他3178億円）

2008年度　総売上高21387億円（販売収入12317億円、広告収入5674億円、その他3396億円）

2004年度　総売上高23797億円（販売収入12573億円、広告収入7550億円、その他3674億円）

一般社団法人　日本新聞協会「新聞社の総売上高の推移」
〈https://www.pressnet.or.jp/data/finance/finance01.php〉（最終アクセス2019年2月9日）

上記のデータを参照すると、新聞社の広告収入が大きく減少していることがわかる。この背景には、新聞に広告を出すことが、以前ほど社会的に重視されなくなったことがわかる。2017年の広告収入は、2004年の約47％にまで減少している。

　新聞販売収入についても減少しているが、広告収入の減少幅に比べるとゆるやかである。2017年の販売収入は、2004年の約79％である。

　新聞・通信社の数は2004年の104社から2018年の98社とほぼ横ばいであるが、従業員の総数は2004年の54,436人から41,509人に大きく減少している。技術革新と共に従業員を削減することで、新聞・通信社が苦境を乗り切ってきたことがよくわかるデータである。

　日本の新聞の発行部数は、2004年の7036.4万部から2018年の4892.7万部に減少しており、2018年の発行部数は、2004年の約70％である。人口1000人あたりの発行部数も2004年の554部から2018年の390部に減少しているが、それでも日本は新聞の普及率で世界一である[2]。

[2] 一般社団法人　日本新聞協会「新聞の発行部数と普及度」
〈https://www.pressnet.or.jp/data/circulation/circulation05.php〉（最終アクセス2019年2月9日）

　主要国の新聞の発行部数は下記の通りである[3]。日本の新聞の発行部数が、人口比で他国に比べて圧倒的に多いことがわかる。

日本　　4892.7万部（2018年）
インド　3億7145.8万部（2016年）
ドイツ　1448.4万部（2017年）
イギリス　784.7万部（2017年）
フランス　581.6万部（2017年）
ブラジル　566.7万部（2017年）

オランダ　249.6万部（2017年）

イタリア　242.7万部（2017年）

スペイン　179.5万部（2017年）

＊3　一般社団法人　日本新聞協会「各国別日刊紙の発行部数、発行紙数、成人千人当たり部数」〈https://www.pressnet.or.jp/data/circulation/circulation04.html〉（最終アクセス2019年2月9日）

ポイント

・米国の有料の新聞発行部数は3094.8万部（2017年）であり、2004年の5462.6万部と比べると、約57％にまで減少している[＊4]。米国の新聞の発行部数の減少幅に比べると、日本の新聞の発行部数の減少幅はゆるやかである。米国は日本の約3倍の人口を有するが、有料の新聞発行部数は日本の新聞発行部数より少ない。

＊4　statista「Paid circulation of daily newspapers in the United States from 1985 to 2017」〈https://www.statista.com/statistics/183422/paid-circulation-of-us-daily-newspapers-since-1975/〉（最終アクセス2019年2月9日）

・日本の新聞社は他国の新聞社に比べて、販売促進のために多くの費用を支出している。河内孝『新聞社―破綻したビジネスモデル』[＊5]によると、販売経費率は40〜50％にのぼるという。新聞が宅配されるのは便利である一方で、Web上に無料のニュースがあふれ、新聞の読者が高齢者に偏っている現状を考えれば、今後も新聞社の販売収入と新聞の発行部数の減少は続くだろう。

＊5　河内孝『新聞社―破綻したビジネスモデル』(新潮新書)、新潮社、2007年、pp.1-220

・新聞社の将来は電子版のマネタイズの工夫や、新聞社のブランド力を生かした事業（教育事業、不動産事業等）で収入を伸ばし、発行や流通にかかわる経費を削減できるかにかかっている。新聞社の多くは、支社も含めて昔から都心の一等地に立地しているため、将来性のある事

業投資のための資産は豊富にある。

・英国など他の国では無料の新聞が、地下鉄の出入り口や電車やバスの社内などで配布されている。日本でも「フリーペーパーの新聞」が一般化する時代が到来する可能性が高い。日本のように再販売価格維持の仕組みのない欧米では、新聞社の倒産が相次いでおり、公共性の高い情報を供給するメディアが危機に瀕しているのが現状である。

・再販売価格維持の仕組みの是非はおくとしても、公共性の高い情報の流通をどのような仕組みで維持するかについては、Web上のメディアを含めた自由競争を促進するだけでは不十分である。私たちは「情報の自治」の観点から、公共性の高い情報を流通させるための新しい仕組み作りに真剣に取り組む必要に迫られている。

演習2

新聞社が配信している「公共性の高い情報」とは何か、発行部数の多い読売新聞と朝日新聞の直近の一週間分の記事に目を通し、各新聞から3つずつ具体的な記事を挙げ、その情報を新聞社が配信する意味について各新聞につき600字で説明すること。

読売新聞

公共性の高い情報1

公共性の高い情報2

公共性の高い情報3

(解答メモ)

朝日新聞
公共性の高い情報1
公共性の高い情報2
公共性の高い情報3
（解答メモ）

Lesson 3

ニュース価値の指標

　Web上のコミュニケーションが一般化した現在では、メディアを介した情報の受容量は、個々人によって大きく異なる。メディア・リテラシーが高い人は、有益な情報に次々とアクセスして、世界や社会を広く深く理解することができる。その一方でメディア・リテラシーが低い人は、無益な情報に多く触れ、世界や社会との繋がりを見失ってしまいやすい。私たちは、日常的に「情報の価値」を見極めるメディア・リテラシーを必要とする時代を生きている。

　新聞社など既存のメディアが配信するニュースは、「ニュース価値」の高低によって重要度が決められている。各新聞社は、各部署の部長

やデスクなど代表者が集まる朝刊会議で、紙面に掲載するニュースの順番や紙面の大きさ、通信社の通信記事も含めた掲載の可否を決めている。

「ニュース価値」に関する考え方は様々あり、これまで国内外の様々な研究者や記者が独自の指標を提示してきた。下記は、私が考える「スマートフォン上でニュースを読む時代も変わらない、ニュース価値を左右する10の指標」である。

スマートフォン上でニュースを読む時代も変わらない、ニュース価値を左右する10の指標

> **1 視覚的なインパクト／瞬時に人々にインパクトを与える写真や映像が入ったニュースは、注目を集めやすい。**

インパクトのある映像や写真が撮影されたニュースは大きく報道される傾向にある。

必ずしも報道の大きさは、事件の内実に比例しない。新聞社や出版社がWeb上でニュースを配信する現代では、新聞や週刊誌の記者は、文章を書くだけではなく、写真や映像を撮影することも求められる。

例えば2001年9月11日に発生した米国同時多発テロ事件の死者・行方不明者数は3025人であった。一方で、2004年にスマトラ島沖で発生した地震の死者・行方不明者数は24万人以上であったと推定されている。前者の米国同時多発テロ事件は、視覚的なインパクトが強く、特に2機目の飛行機がワールドトレードセンターに突入する映像は、世界中で繰り返し放送されてきた。一方で、スマトラ島沖地震による死者数は東日本大震災と比較しても10倍以上であったが、途上国であり、携帯電話が広く普及する前に起きた震災ということもあって、映像や写真の記録が少なく、米国同時多発テロ事件のように、繰り返し大きく報道されることはなかった。

もし東日本大震災が発生する前に、スマトラ沖地震について十分な報道がなされていれば、東日本大震災の津波による死者数・行方不明者数は大幅に減っていたと私は考える。東日本大震災の死者数・行方不明者数は18431人（2019年1月警察庁発表、震災関連死は含まない）である。

2　極端な出来事／予想外の出来事や、誰もが納得する異常な出来事、珍しい記録が生まれた試合などはニュース価値が高まる。

前出のキャス・サンスティーンがWeb上の情報の特徴として挙げている指標である。「予想外」「異常」「珍しい」という言葉で煽られて報道される社会事象は、繰り返し発生していることも多いので、メディア・リテラシーを持って情報を読み解く必要がある。

例えば「異常気象」と呼ばれる現象そのものが、頻繁にニュース報道に見られる。このため、「異常気象」は異常性に乏しいと考えることもできる。また異常な社会現象でも、例年に比べて極端に目立った現象でなければ大きく報道され難い。例えば日本の自殺者数は現在年間21321人（2017年）であり、他の先進国に比して、人口比の数が多いが、2003年の34427人をピークに減少しているため、近年では大きなニュースとして報道されていない[*6]。

*6　警察庁「平成29年中における自殺の状況」〈https://www.npa.go.jp/safetylife/seianki/jisatsu/H29/H29_jisatsunojoukyou_01.pdf〉（最終アクセス2019年2月9日）

3　争い、対立／国家同士の対立や、政治家の覇権争い、有名企業の内紛や派閥争い、芸能人同士の争いまで、様々な次元の争いや対立は人々の関心を引きやすい。

2018年には、北朝鮮問題を巡る日本と韓国の対立、安倍晋三首相と石破茂の自民党内での覇権争い、日産の前会長、カルロス・ゴーンの不正を

めぐる内紛、お笑い芸人から力士まで、有名人同士の様々な対立が報道され、話題となった。

テレビのワイドショーや週刊誌、Web上のメディアの報道は、対立を煽ることで視聴者や読者の関心を高める傾向がある。政治から芸能界の情報まで、争いや対立は人目を引きやすい。

4 速報性／生中継されるニュースや、現在進行形のニュースは関心を集めやすい。

一日後、一週間後、一ヶ月後に振り返ると、多くの人々が忘却しているような、時間の風化に耐えられないニュースも、生中継されると注目を集める。

1972年2月に発生した浅間山荘事件を生中継したNHKの最高視聴率は50.8％を記録している（民放と合算した最高視聴率は89.7％　ビデオリサーチ関東地区）。報道番組の視聴率として、この記録は現在も破られていない。

5 有名性／有名な人や有名な組織、有名な場所がニュースに関わっていると、ニュース価値は高まる。

有名人や有名な組織、有名な場所に関するニュースは、人々の関心の高さから、些細な内容でも大きく取り上げられる。有名人や有名な組織が引き起こした不祥事は、社会的な影響力の大きさから、有名ではない人や組織が引き起こした不祥事よりも大きく取り上げられる傾向にある。人気の観光地や誰もが知っている場所で起きたニュースも、他の場所で起きた同様の事件よりも大きく取り上げられる傾向にある。

6 近さ／空間的な近さと、心情的な近さがニュース価値を高める。

ニュースが配信される場所と、空間的・心理的に近い場所で起きたニュー

スの価値は高まる傾向にある。韓国や中国、ロシアなど近隣諸国のニュース価値は高まりやすく、米国や英国のように、日本に住む人々が心理的に「近さ」を感じる国で起きたニュースの価値も高まりやすい。海外で起きた事件・事故の場合、日本人が被害者に含まれているかがどうかによって、その事件の「近さ」が左右され、ニュース価値の高低が決まる。空間的・心理的に「遠い国」で起きたニュースはよほど重要なものでない限り、大きく報道されにくい。

7　同調性（メディアの間の同調圧力）・流行／注目を集めたニュースがあると、類似したニュースの価値が高まる傾向にある。

不倫や汚職、殺人事件など注目を集めたニュースが生じると、「二匹目のどじょう」を狙って類似したニュースが大きく報道される傾向にある。娯楽やファッションに限らず、社会事象を扱うニュースにも流行がある。省庁、官邸、警察等の発表でメディア間に同調圧力が生じると、類似したニュースを同時に発信する傾向が生じる。「現代日本の若者は同調圧力に弱い」と嘆かれることが多いが、「現代の日本のメディアも同調圧力に弱い」と言える。北朝鮮による日本人の拉致問題、原発事故のリスクをめぐる問題、米軍基地の移転問題など、いずれも大きく報道され、注目を集める以前から存在していた。大きく報道されることで注目を集め、後追いの報道で問題の根深さが一般に知られる問題も多い。

8　周期性・慣習／多くの人々にその年月日が記憶されている出来事は、その日がめぐってくる度に、深掘りした特集報道が組まれる傾向にある。

広島・長崎に原爆が投下された日には、原爆災害に関するニュースが大きく報道される傾向にある。東日本大震災や福島第一原発事故など、大

きな災害や事故についても同様の報道傾向が生じる。

重大な出来事について、毎年深掘りした特集が組まれると、メディア間の競争が促進され、読み応えのある報道や論説が増える傾向にある。

9　批評性・識者コメントの個性／一般に関心が低そうなニュースでも、著名な識者が論じたり、コメントを寄せた記事であれば、ニュース価値が高まる傾向にある。

ニュース・メディアも映画やテレビ業界と同様に、「著名な識者」を「スター」として育てることで、自らのメディア・コンテンツの価値を高める傾向がある。

新聞各紙は、その新聞社の「ご意見番」や「顔役」となる著名な識者を繰り返し登用する。記者が政権を批判するなど権力に切り込む記事を書きにくい場合、識者コメントを通して政権批判を行うことも多い。

10　社風・編集方針／新聞社や週刊誌や月刊誌の発行元の出版社は、特集記事や社説を通して、自社の論調を示す傾向にある。

新聞社や週刊誌や月刊誌の発行元の出版社は、基本的に政治的な立場や報道のバイアスを有している。

その一方で日本の全国紙、読売・朝日・毎日・日経新聞は、いずれも相応に政権に近く、海外の新聞と比べるとさほど論調の差を有していないと考えることもできる。日本の全国紙が報道する記事は、相対的に横並びで類似していると私は考える。「スクープ」で新聞各紙の特徴が出ているというよりも、「特オチ（重要なニュースの報道を逃すこと）」を回避するために、全国紙の記者同士で協調し、横並びの報道を行う傾向が強い。例えば、日本のメディアは福島第一原発の事故について数多くの報道を行ってきたが、ニューヨーク・タイムズのように、女川原発に注目した

報道をあまり行っていない。震源地に最も近い原発であった東北電力の女川原発は、盛り土して作られていたため、津波の影響が少なく、最大で364名が3ヶ月間避難していた。

ニューヨーク・タイムズにとっては、「東京電力の福島第一原発」と「東北電力の女川原発」の間に生じた「明暗」が関心の的であったが、電力会社が主要な広告主である日本のメディアでは、原発事故が浮き彫りにした「社会構造上の問題」について踏み込んだ論説が少ない。

演習3

Yahoo!ニュースは、日本で最も多くの人々に閲覧されているニュース・メディアである。Yahoo!ニュースのトピックスは、見出しの文章を、人目を引くように元記事とは異なる文章に改稿して掲載している。Yahoo!ニュースの担当者によると、最大で13.5文字の見出しの中に「〜の真相」「謎の〜」「衝撃」「激怒」といった言葉が入ると、アクセス数が伸びるという[*7]。この理由について、上記の「スマートフォン上でニュースを読む時代も変わらない、ニュース価値を左右する10の指標」を参考にして、600字で考えたことを記すこと。

*7 Yahoo!ニュース news HACK「Yahoo!ニューストピックス『13文字見出し』の極意 難関『コートジボワール』はどう表現？」
〈https://news.yahoo.co.jp/newshack/inside/yahoonews_topics_heading.html〉（最終アクセス2019年2月9日）

「〜の真相」「謎の〜」「衝撃」「激怒」といった言葉が使われる理由

（解答メモ）

演習4

スマートフォンを用いて最新のYahoo!ニュースの「トピックス一覧」を閲覧し、「スマートフォン上でニュースを読む時代も変わらない、ニュース価値を左右する10の指標」を参考にして、印象に残った見出しを2つ挙げ、その理由について各400字で説明すること。

印象に残った見出し1

印象に残った理由

(解答メモ)

印象に残った見出し2

印象に残った理由

(解答メモ)

第15回

批評的な思考≒メディア・リテラシーと批評文の書き方

この回の目標

批評的な思考を身に付けることと、メディア・リテラシーを身に付けることの類似性について学ぶ。また批評的な文章を書く上で、自己の価値観を「論理」や「論拠」と共に明示することの重要性を理解することを目指す。そして後述するように、よい文章を書く上で「見る＞読む＞書く」の順で重要性が高いことを理解し、書くためのスキルが独立して存在するのではなく、「見当を付けること」の重要性や、「社会的な文脈や歴史的な文脈を読むこと」の重要性について学ぶ。演習では、著者が週刊誌「週刊文春」の「文春図書館」に寄稿した書評を例文とした問題に取り組むことで、説得力のある論理や論拠をもとにして文章を記すトレーニングを積む。

授業の問い

メディア・リテラシーを身に付けることは、一言でいえば、批評的な思考を身に付けることと同義ではないだろうか？

メディア研究において最も重要なことは、現代社会で生じる様々な社会事象や、それを伝達する様々なメディア表現に対して「批評的であること」に他ならないのではないだろうか？

Lesson 1

批評とメディア・リテラシー

批評的な姿勢を身に付けることと、メディア・リテラシーを身に付けることは似ている。批評とは、誰もが日常的に行っている価値判断に他ならない。批評文とは、様々な社会事象やメディア表現について、自己の知識や価値観を参照しながら、論理的に考えを深め、その成果を論拠と共に示す感想文であると要約できる。

批評は、客観的な事実を他人事のように、価値判断を介在させるこ

となく表現するものではない。自己の価値判断を明示した上で、自分にとって真実と思われるものを、他人に伝わるように、論拠をもとにして明らかにする文章表現である。

様々な社会事象やメディア表現に対して、批評的な姿勢を身に付けることと、メディア・リテラシーを身に付けることは、非常によく似ている。例えば、神は実在しないかもしれないが、神の存在を必要とする人々の信仰のあり方は、文化や文明の基礎を成し、歴史的に実在する。批評はこのように必ずしも科学的に実証のできない文化や価値観の存在条件についても、分野横断的に思考するものである。

批評と「思う」「考える」ことの関係
「思う」……人の考えはそれぞれだから思ったことを書けば個性的な文章となる、という甘えを前提にしている。批評的な文章表現は、このような「思い」を踏み越えるところからはじまる。エルンスト・ブロッホは「考えるとは踏み越えることである」(『希望の原理』)と述べている。

「考える」……人の「思い」は月並みで親しみやすい「紋切り型」に毒されやすいからこそ、そのような個々の「思い」を踏み越え、感情を超えた「論理」や「論拠」を模索することを意味する。批評は「思い」を踏み越える「考え」によって成立する。

演習1
下記は著者が「週刊文春」の「文春図書館」に寄稿した800字弱の書評(書籍に対する批評文)である。この文章を参考にして、好きな小説を一冊選び、その小説を選んだ理由を示すこと。また、その小説の中で表現されている「感情」の面白さについて、「論理」や「論拠」を明示しながら、自己の考えを800字以内で述べること。

参考文
酒井信　佐川光晴著『静かな夜　佐川光晴作品集』書評　文藝春秋「週刊文春」52巻12号2012年3月22日p.133「文春図書館」の欄に掲載

　本の帯に「弱さ、もろさが生む光」と記されている。確かに佐川光晴は、強者の光の下ではかき消されてしまうような「人の弱さ、もろさ」をとらえるのが上手い作家だ。佐川は屠畜場での就労経験を描いた「生活の設計」でデビューしたこともあってか、マッチョなイメージと共に語られることが多い。ただ強者の光に限界があることを知る作家だからこそ描くことができるような「弱さ、もろさが生む光」がある。

　「静かな夜」は交通事故で息子を亡くし、その八ヶ月後に夫を亡くした母子の生活を描いた作品である。雑誌掲載時は、立て続けに母子を襲う不幸に「そんな馬鹿な」と突っ込みを入れたくなった。ただ東日本大震災から一年が経った今読み返して見ると、黙してページをめくってしまう。日常の営みを外側から揺るがすような「身も蓋もない現実」は、現代の日本にも確かに潜在しているのだ。

　「崖の上」では、外的に起こる交通事故とは対照的に、内的に起こる「鬱病」に苛まれる人々の姿が描かれている。「たしかに鬱病患者はコアラやナマケモノのごとく、一日の大半を動かずに過ごす。しかしながら気持ちは休むことなく動き続けていて、怠けているどころか、神経の使い過ぎで疲労困憊しているのである」と。

　何れの作品でも佐川が描くのは、自己の内外から訪れる不幸に苦しむ人々の悲劇ではない。自らの「弱さ、もろさ」と直面した人だからこそ、強者として強がるのではなく、互いの弱さを受け入れた上で、「必要」に根ざした繋がりを前向きに構築していけるのだ。「お互いの生活を助け合いたいというささやかな、かつ切実な必要から始まる関係は、そのとおりにいくものならば、それにふさわしい穏やかさに包まれるにちがいない」と。

「弱さ、もろさ」の中にも、生きた光が確かに存在している。必要に根ざした「静かな光の繋がり」をとらえる佐川の筆致は、震災後の現在に、生々しく映える。(785文字)

選んだ小説名

選んだ理由

描かれている「感情」の面白さ

なぜその「感情」が面白いのか

その「感情」から想起される問題や経験

その「感情」の面白さについて、結論

(解答メモ)

Lesson 2
批評の基本

批評とは、「紋切り型」の常識を可能にしている条件や社会構造に

ついて、自己の知識や価値観を手がかりとして思考し、その成果を「論理」や「論拠」と共に明示する文章表現であると要約できる。

批評に関する定義や考え方は様々存在する。ポール・ヴァレリー、ジョルジュ・ルカーチ、小林秀雄、柄谷行人の批評についての考え方を参考にすると、批評とは論じる対象や作品との間に存在する、「隔たり」について思考するものであると要約できる。

批評するに足る対象と自己との間には、容易に埋めがたい価値判断上の「隔たり」が存在し、私たちが日常生活の中で忘却していた、外界との間に横たわる「隔たり」を想起させる。この本で私も対象を「隔たり」を有した「他者」として論じる批評の方法論を採用している。

作家の中野重治は「悪と誤りはいつも親しげな顔つきでやってくる」(「いはゆる藝術の大衆化論の誤りについて」)と述べている。私たちは日常生活の中で批評的に向き合うことが辛く、目を逸らしたくなるような対象や作品に対して、「親しみやすさ」を感じ取ることで、「隔たり」について批評的に思考する作業を放棄してしまう傾向がある。

ポイント

・芸術作品や社会事象について論じる際に、私たちはその背後に親しみやすい「人間性」を想像することで、その作品や事象を論じやすいものに改変し、そこにある「隔たり」を想像の中で埋めてしまう傾向を持つ。

・作品を通して、自己と外界との間で忘却されている「隔たり」に目を向け、自己が当たり前のものとして受容している常識や価値観を、それを可能にしている条件にさかのぼって再考するプロセスが、批評に他ならない。

演習2

下記は著者が「週刊文春」の「文春図書館」に寄稿した800字弱の書評（本に対する批評文）である。この文章を参考にして、図書館の新書の書架の中から「日本の将来」について論じた本を一冊選び、その本に関心を持った理由を述べること。またその本の著者が持つ現代日本の常識に対する「隔たり」に着目して、自己の「日本の将来」に対する考えを800字以内で述べること。

参考文
酒井信　橋本治著『日本の行く道』書評　文藝春秋「週刊文春」50巻4号2012年1月24日p.131「文春図書館」の欄に掲載

　批評文の良し悪しは、文体ではなく、文と文の「間」の置き方に左右されると思う。「間」とは英語に訳せばリズムであるが、西洋の言葉では音がリズムを刻むのに対して、日本語では無音の「間」がリズムを刻む。橋本治の文章はこのような意味で間が抜けることがない。そこには独特の間＝リズムがあり、飛躍をいとわないスリリングな論理展開がある。これはこの本の次の一節によく表われている。

　「エアコンをつければ、室内は涼しくなるけれど、その分の熱は室外機から放出されます。〈中略〉当然、電力の消費量も増えていて、地球の温暖化は加速されて、その暑さを回避するためのエアコンはもっと必要になります。まるで、軍拡競争です。〈中略〉地球温暖化防止のための議定書に『京都』という日本の地名が冠されていることと、日本が『戦争放棄』を謳った条文のある憲法を持っている（こと）が重なっているのは、偶然ではないはずです」

　この一節で橋本は、エアコンという具体例から、地球温暖化と軍拡競争が表裏一体のものであることを説明している。そして「日本の行く道」など意に介さないような「生活者の論理」と、「日本の行く道」などに構ってられな

いような「人類全体の論理」の「間」で、「日本人の論理」を模索しているように思える。曰く、日本から超高層ビルをなくせば、人が分散し、都市化に伴う様々な問題が解決できると。曰く、日本では歴史的に終身雇用は例外的だから、家を軸にしたシステムが機能すれば格差など問題にならないと。つまり橋本はグローバリゼーション下の経済的な競争や軍拡競争などから降りて、世界に「間」をうがつ方向にこそ「日本の行く道」があると考えているのである。

　私たち日本人は欧米のリズムにのって、いつまで世界経済の舞台で小躍りできるだろうか。世界の中で日本が巨大な「間」として存在していく「道」は、べらぼうに魅力的である。(777文字)

選んだ新書名

関心を持った理由

著者の現代日本に対する「隔たり」

なぜその「隔たり」に着目したのか

その「隔たり」から想起される「日本の将来」

「日本の将来」のあり方について、結論

(解答メモ)

Lesson 3

見る＞読む＞書く

　よりよい文章を書くためには、「見る＞読む＞書く」であることを理解すること。「書く」ことよりも「読む」ことの方が難しく、「読む」ことよりも「見る」ことの方が難しいと私は考える。そして「書く」「読む」「見る」の3つが合わさって、「批評」という営為が生まれる。

　「書く」技術が独立して存在するのではない。同様によりよく「読む」ことができれば「書く」ことはそれほど難しくないと私は考える。同様によりよく「見る」ことができれば、「書く」ことや「読む」ことはそれほど難しくない。

　社会的な文脈や、歴史的な文脈を「読む」ことは、「書く」上で重要である。適切に文脈を読んだことの成果を、「書く」ことができれば、「書く」ことは容易になる。

　「見る」ように「読み書きする」ことも重要である。対象や作品と接して、その要点を「見極め」、自分が論じるポイントについて「見当をつける」ことができれば、「読む」ことや「書く」ことは容易になる。印象に残ったページを中心に「見る」ように本を読み返すことは、批評的にメディア・リテラシーを持ってその本と向き合う上で重要な作業である。

対象や作品を批評的に「見る」ためのポイント

　対象や作品と向き合ってこれまでの自分の考えに何かしら変更を迫るようなところはないか、対象や作品の要点を「見極める」こと。

　「常識的にはこのように受けとめられている（受けとめられそう）だが、

自分は異なる印象をもち、その印象が人と異なる理由を、論理的に、論拠を示して他人に伝えられるか、「見当をつける」こと。

　文章で記された作品や記事を批評する場合、線を引いた部分や、折り目を付けた部分（英語で言うDog ear）を再度読み直し、文章の全体をよく「見直す」ように心掛ける。

　また対象や作品に関係の深い場所に出かけて、自己の「視点」を獲得した上で文章を記すことも重要である。文章には「足で書く」という側面もある。例えば、私の場合は10年ほどかけて、自分の批評や研究に関係の深い場所（約50ヶ国）をめぐり、よりよく「書く」ための「視点」を得る努力を重ねている。

　また作品について批評する場合は、作者の講演会などに出向き、作者の存在を生で「見る（感じ取る）」ことも、批評文を書く上で重要な取材と言える。

対象や作品を批評的に「読む」ためのポイント

　社会的な文脈や、歴史的な文脈を「読む」ことができるかが、「読む」能力を左右すると私は考える。言い方を換えれば、「読む」ことが苦手な人は、同時代の社会に対する理解や、歴史的な物事への理解が不足している可能性が高い。

　文章で記された作品や記事を批評する場合、一読した後、気になった箇所は必ず読み返すことが重要である。要点を「読み返す」作業は、良く「読む」ための近道といえる。

「読み返す」過程で見つかった「キーワード」や「固有名詞」について、辞書を引いたり、資料やWeb上の情報を探したり、取材をすることで「読みを深める」ことができる。

　批評文を書く前に、「キーワード」や「固有名詞」について、図書館のデータベースを活用して調べ、関連する書籍や雑誌、新聞記事を読み込

むとよい。関連する文章を読み込んだ上で、自分にとってオリジナリティの高い切り口を探しながら、「読みを深める」ことが重要である。

参照する情報がWeb上の情報に偏らないように、図書館や書店を活用することを心掛けること。「確かな編集作業」が介在した、正確な情報を通して、社会的な文脈や、歴史的な文脈の「読みを深める」ことも批評文を書く上で重要な作業のひとつである。

対象や作品を批評的に「書く」ためのポイント

自分が「見当を付けた点」や「読みを深めた文脈」に焦点をしぼって、オリジナリティの高い、自己の論点を記すように心掛けること。「見当を付けた点」や「読みを深めた文脈」と、自己の印象や経験から立ち上がる「論理」や「論拠」を重ねながら、自らの考えを展開するとよい。

見たまま（概要やあらすじ）、読んだまま（調べた情報）をそのまま書かないように気を付けること。概要やあらすじ、調べた情報は、最低限必要な範囲で「自分の考えの中」に織り込むように心掛けること。

近年、Web上に「概要」や「あらすじ」があふれていることもあり、「調べ物」に近い批評文や論文が多く見られる。「情報のまとめサイト」のような文章を記していては、批評的な姿勢やメディア・リテラシーは身に付かない。

文章の構成上、最初に意識するべきは、書き手の名前を知らなくとも、読者を引きつけることができるように、書き出しを工夫することにある。書き出しの問題提起がよければ、その後の文章も良くなる可能性が高まる。

批評的な文章を書く上で重要なのは、作品に対して、二項対立的な価値判断（面白い・面白くない、感動した・しない、泣いた・泣かないなどの、快不快）を超えた「価値判断」を示すことにある。文章を書く際には、二項対立的な価値観を超えて、自分が「考えたこと」を論理的に展開

するように心掛けるとよい。

演習3

下記は著者が「週刊文春」の「文春図書館」に寄稿した800字弱の書評（書籍に対する批評文）である。この文章を参考にして、図書館の書籍（単行本及び文庫本）の中から「現代日本のコミュニティのあり方」について論じた書籍を一冊選び、その本を選んだ理由を述べること。またそこで論じられている社会的な文脈や、歴史的な文脈に着目して、自己の「コミュニティ」に対する考えを800字以内で述べること。

参考文
酒井信　『団地の時代』書評　文藝春秋「週刊文春」
52巻24号2010年6月24日p.119「文春図書館」の欄に掲載

　今、団地と聞いて、いい印象を持つ人は少ないだろう。それは「高度経済成長」というネームプレートが付いた遺物で、陸の孤島と化した立地では住民の高齢化が進み、周辺の商店は廃れ、空き室が増えている、と。しかし団地は、五〇年の時を経て、原武史と重松清によれば、公営の団地は民間資本が開発したニュータウンや分譲のマンションと違って、「金持ちから順に逃げて廃墟」にできないため、廃れる速度が遅いのだという。だから団地は、五〇年の時を経て、今でもしぶとく生き残っているのである。

　私も学生時代、西武線沿いの「昭和三〇年代に建てられた団地風のマンション」に住んでいた。友人が訪ねてくると「お前の家は旧ソ連の集合住宅みたいだな」とよく言われていたが、この本を読んでその理由がわかった。原によれば、日本住宅公団は日ソ国交回復をきっかけにソ連を視察し、大型パネル工法を学んでいたらしい。このため東急線の郊外は民間資本を中心としてイギリスの田園都市をモデルに開発されたのに対して、西武線の郊

外は住宅公団を中心として旧ソ連時代のモスクワの郊外をモデルに開発されたのである。

　重松によれば、このような団地とその近隣の学校は「戦後民主主義の多数決の原則を一番わかりやすくしてくれた二つのもの」だったという。団地では自治会やPTAの団結が密であり、だからそこは戦後民主主義的な市民運動の土壌となったのだ、と。例えば日本でもフランスでもアメリカでも、「都市の画一化」に抗う市民運動や学生運動がはじめに起こったのは、団地が林立する郊外だった。

　団地とは公団法第三条に出てくる「一団の土地」から生まれた言葉らしい。今でも団地は若者と老人の共生や、外国人の受け入れや、孤独死を減らす運動の前線として機能している。この本を手に取れば、今でも団地に住む人たちが、「都市の画一化」に抗うために、「一団」となって、共生のための新たな工夫を凝らしていることわかるだろう。（791文字）

選んだ書籍名

選んだ理由

本が示す「現代日本のコミュニティのあり方」

本が示す「社会的な文脈」と「歴史的な文脈」

選んだ本が示す「コミュニティ」のあり方を踏まえた結論

（解答メモ）

参考文献

中野重治著「いはゆる藝術の大衆化論の誤りについて」(『現代日本文学大系 57　中野重治・佐多稲子集』所収)、筑摩書房、1970年、pp.1-433

エルンスト・ブロッホ著(山下肇ほか訳)『希望の原理　第1巻』白水社、1982年、pp.1-658

井上ひさし著『私家版　日本語文法』(新潮文庫)、新潮社、1984年、pp.1-285

三島由紀夫著『三島由紀夫レター教室』(ちくま文庫)、筑摩書房、1991年、pp.1-227

上野千鶴子著『近代家族の成立と終焉』、岩波書店、1994年、pp.1-346

フリードリヒ・キットラー著(原克ほか訳)『ドラキュラの遺言』、産業図書、1998年、pp.1-366

佐藤卓己著『現代メディア史』(岩波テキストブックス)、岩波書店、1998年、pp.1-259

大石裕、岩田温、藤田真文著『現代ニュース論』(有斐閣アルマ)、有斐閣、2000年、pp.1-260

ノルベルト・ボルツ著(村上淳一訳)『世界コミュニケーション』、東京大学出版会、2002年、pp.1-290

Kovach, B., Rosenstiel, T. (2014). *The Elements of Journalism*, Revised and Updated 3rd Edition: What Newspeople Should Know and the Public Should Expect. New York City, NY: Three Rivers Press

キャス・サンスティーン著(石川幸憲訳)『インターネットは民主主義の敵か』、毎日新聞社、2003年、pp.1-223

花田達朗・ニューズラボ研究会編著『実践ジャーナリスト養成講座』、平凡社、2004年、pp.1-293

吉見俊哉著『メディア文化論:メディアを学ぶ人のための15話』(有斐閣アルマ)、有斐閣、2004年、pp.1-281

橋本治著『日本の行く道』(集英社新書)、集英社、2007年、pp.1-270

河内孝著『新聞社―破綻したビジネスモデル』(新潮新書)、新潮社、2007年、pp.1-220

阿部紘久著『文章力の基本』、日本実業出版社、2009年、pp.1-206

村上春樹著『1Q84　BOOK1』、新潮社、2009年、pp.1-554

村上春樹著『1Q84　BOOK2』、新潮社、2009年、pp.1-501

トニー・パーカー著(沢木耕太郎訳)『殺人者たちの午後』、飛鳥新社、2009年、pp.1-318

水越伸、東京大学情報学環メルプロジェクト編『メディアリテラシー・ワークショップ―情報社会を学ぶ・遊ぶ・表現する』、東京大学出版会、2009年、pp.1-240

原武史、重松清著『団地の時代』(新潮選書)、新潮社、2010年、pp.1-263

佐川光晴著『静かな夜　佐川光晴作品集』、左右社、2012年、pp.1-222

イーライ・パリサー著(井口耕二訳)『閉じこもるインターネット　グーグル・パーソナライズ・民主主義』、早川書房、2012年、pp.1-328

電通メディアイノベーションラボ編『情報メディア白書2018』、ダイヤモンド社、2018年、pp.1-272

インターネット白書編集委員会編『インターネット白書2018』、インプレスR&D、2018年、pp.1-324

一般財団法人デジタルコンテンツ協会編、経済産業省商務情報政策局監修『デジタルコンテンツ白書2018』、一般財団法人デジタルコンテンツ協会、2018年、pp.1-192

総務省「平成30年版　情報通信白書」
〈http://www.soumu.go.jp/johotsusintokei/whitepaper/ja/h30/pdf/index.html〉(最終アクセス2019年1月15日)

あとがき

　本書を通して現代社会を生きる上で必要なメディア・リテラシーを高め、文章を書く能力を高めるために様々な素養が必要であることを、実感していただければ幸いである。
　Web上のメディア環境の進歩は、個々人の情報接触の利便性を高める一方で、未知の情報や意見の異なる他者との偶発的な出会いの機会を低下させるリスクを有している。例えばイーライ・パリサーは、現代の情報環境の特徴を「フィルター・バブル」と名付け、人々が自己の興味関心に応じて、見たい情報だけを見るためのフィルターに囲まれるようになっていることを問題視している。「フィルター・バブル」に囲まれたコミュニケーション空間においてメディアは、公共性が高く、複雑な理解を必要とする情報を配信するよりも、アクセス数や広告収入を確保するために、人々の快不快の感覚に働きかける情報を配信する傾向を強めている。このようなメディア環境が一般化した現代では、文章表現も「見たい情報ばかりを見て書いたもの」になるリスクを有している。
　フェイク・ニュースの起源は古く、第14回で記したように昔から人々は流言飛語に踊らされるだけでなく、それに踊らされることを楽しんでもきた。現代の情報環境においてもそれは変わらない。近年ではフェイク・ニュースだけではなく、Web上で現実には存在しない人物を媒介としたフェイク・アカウントが、国境を超えて政治的な工作や、経済的なステルス・マーケティングのツールに使われている。またフェイクGPSが現実の世界で生きる人々の位置情報を偽装する目的で普及してもいる。
　私たちが日々接触する情報が、各々の興味関心の履歴をもとにパーソナライズされ、偽装されたものになるにつれて、不特定多数を対象

とした情報を配信するマス・メディアは、面白さと利便性の点でウェブ・メディアに敗れ、マネタイズの問題に直面するようになった。結果としてメディアの言説は、公共性を育み、善悪や真偽の基準となる情報を配信する機能を弱めているといえる。私がこの本を記したのは、このような現状に大学の教育の現場から抗うためである。

　Web上の情報メディア環境をよいものにし、人々が「情報の自治」の担い手として公共圏と親密圏の双方に根を張った「新たなメディア環境」を構築して行くために、新しい時代のメディア・リテラシー教育とは、どのようなものであるべきだろうか。また、私たちは、フィルター・バブルやフェイク・ニュースに囲まれた現実とどのように向き合い、どのような問題意識を持って、自己の考えを表現していけばいいのだろうか。本書はこのような問いに対する私的な回答のひとつに他ならない。

　この本で提示した様々な種類の文章演習を通して、Web上に広がった同時代の情報メディア環境を活用し、新しい情報環境に適応した「メディア・リテラシー」を高めていただければ幸いである。と同時にこの本の様々な演習を通して、批評的に自己の考えを文章としてまとめ、発信する能力を高めてもらえれば嬉しい。

　各回の目標や問いは本文に明記しているが、本書の全体を通して文章演習に取り組むときには、特に以下の3点に留意していただければ有り難い。

　1　文章の書き出しに工夫があり起承転結の構成が確立されているかどうか。
　2　指定の資料や図書の読解を丁寧に行った成果を、社会的・歴史的文脈としてコンパクトに織り込んだ上で持論を展開できているかどうか。

3　同時代の社会や過去の歴史と、自己との間に横たわる広く、深い関係性について想像をめぐらし、適切な社会的・歴史的文脈の下で自己の考えを展開できているかどうか。

　上記の点がどういう意味で重要であるかについての詳細は、本文に記した通りである。なお本書は、「文教大学競争的教育研究支援資金による研究」の成果の一部を反映したものである。「メディア・リテラシー」や「文章演習」に関する科目を担当している大学教員として、新しいメディア・リテラシー教育に必要とされる教材を多く織り込んでいる。

　この本を上梓するにあたり、著者が所属する文教大学及び左右社の小柳学社長と脇山妙子さんに、大変お世話になりました。ここに記して感謝いたします。

2019年2月　酒井信

酒井信

1977年長崎市生まれ。長崎南高校、早稲田大学人間科学部卒業。慶應義塾大学大学院政策・メディア研究科後期博士課程修了。博士（政策・メディア）。慶應義塾大学助教を経て、現職は文教大学情報学部准教授。専門はメディア論、社会思想、文芸批評。著書に『平成人（フラット・アダルト）』（文春新書）、『最後の国民作家　宮崎駿』（文春新書）『吉田修一論　現代小説の風土と訛り』（左右社）等。文芸誌と論壇誌に執筆多数。

メディア・リテラシーを
高めるための文章演習

発行日　2019年2月28日　第一刷発行

著　者　酒井信

装　幀　松田行正+杉本聖士

発行者　小柳学

発行所　株式会社　左右社
　　　　東京都渋谷区渋谷2-7-6-502
　　　　TEL 03-3486-6583　FAX 03-3486-6584
　　　　http://www.sayusha.com

印刷・製本　創栄図書印刷株式会社

© 2019, SAKAI Makoto　Printed in Japan　ISBN 978-4-86528-220-7

著作権法上の例外を除き、本書の無断転載ならびにコピー、スキャニング等による無断複製を禁じます。乱丁・落丁のお取り替えは直接小社までお送りください。